Knaur®

Von Udo Hartwig ist außerdem erschienen:

»Der Wanderer zwischen den Lüsten« (Band 2569)

Vollständige Taschenbuchausgabe März 1991
Droemersche Verlagsanstalt Th. Knaur Nachf., München

Umschlaggestaltung Adolf Bachmann
Umschlagfoto Five Seasons/Silvestris
Satz DTP im Verlag (Ventura Publisher)
Druck und Bindung brodard & taupin
Printed in France 5 4 3 2 1
ISBN 3-426-02570-1

Udo Hartwig:
Ein Traum von einem Mann

Roman

Knaur®

Es war Dienstag, für Julia Bongartz aber stand ein Sonntag bevor. Sie tändelte durch ihre Wohnung wie eine erwartungsvolle Jungfrau, allerdings mit kritischen Blicken – wie immer, wenn eine Flugwoche vorüber war. Unweit des Domes zu Mainz, dessen Türme sie, falls sie sich auf Zehenspitzen stellte, sogar von ihrem Wohnzimmer sehen konnte, prüfte sie das Nest, als welches sie ihr Zuhause empfand, seit Michael in ihr Leben getreten war.

Vorher glaube sie, in einer Gruft gelegen zu haben. Ihr Werner, der plötzlich Verblichene, der weiß Gott nicht häßlich gewesen war, hatte nach ihrer Meinung den Fehler gehabt, als Manager eines Weltkonzerns nur ans Geldverdienen zu denken, an seine Frau weniger. Allerdings war er so vorsorglich gewesen, eine Lebensversicherung über eine halbe Million abzuschließen, jedoch auch so unvorsichtig, in seinem Jaguar mit zweihundert Stundenkilometer auf die Gegenfahrbahn einer Autobahn zu geraten. Und gerade neununddreißig Jahre alt, war Julia zur Witwe geworden, vermögend zwar, denn die Lebensversicherung

hatte sich aufgrund des Unfalls verdoppelt, aber ohne Mann.
Entgegen dem spanischen Sprichwort, wonach die Tränen einer jungen Witwe getrocknet werden vom ersten Wind, hatte sie ein halbes Jahr lang in Sack und Asche gelebt. Ja, sie hatte getrauert! Dies nicht nur wegen der Nachbarn oder ihrer Schwiegereltern. Sie hatte getrauert über ihr Schicksal, plötzlich nur noch ein Single zu sein. Dann aber hatte sie sich neu eingekleidet und einkleiden lassen, denn Geld hatte sie ja. Dann hatte sie, um etwas Neues zu erleben, zu ihrer Cousine nach Darmstadt fahren wollen und im Mainzer Hauptbahnhof plötzlich einem Mann gegenübergestanden, der einen prachtvollen Rosenstrauß in der Hand gehalten hatte, einen Mann, der hinreißend gewesen war, der sie mit bittenden Augen angesehen und dann gesagt hatte: »Ich laufe seit Tagen hinter Ihnen her ... endlich laufen Sie mir mal entgegen ... Darf ich?«
Von einer Sekunde auf die andere hatte sich Julia in einem Rausch gefühlt, in einem Taumel, den sie als Glück empfand. Sie hatte die Rosen genommen und an den Busen gedrückt und nicht einmal ›Danke‹ gesagt. Das in ihr aufkeimende Bewußtsein, ganz überraschend in ein völlig neues Leben getreten zu sein, hatte sie daran gehindert. Auch die Blicke des unwahrscheinlich gut aussehenden Mannes.
Sie war mit ihm essen gegangen, er hatte erzählt, Chef-Steward der Lufthansa zu sein, sie hatte ihr Witwen-Dasein geschildert, sie waren in ihre Wohnung gefahren und dann hatte es sich ereignet. Julia Bongartz dachte noch an die erste Nacht, während sie

im Schlafzimmerschrank frisch gewaschene Männer-Slips zählte, auch gebügelte Hemden, und nachsah, ob die Hosen und Sakkos ihres Michael auch genau dort hingen, wohin er zu greifen pflegte. Doch ihre Vorsorge war ohne Makel. Das Nest war gerichtet. Ihr Michael konnte aus dem vollen schöpfen, woher er heute auch kam, aus Tokio oder San Franzisko, aus Rio oder Sydney.

Erst dann richtete sie sich selbst. Sie nahm ein Schaumbad, wusch dabei ihre blonden, kurzen Haare, fönte und kämmte sie, rieb ihren Körper von den Fingerkuppen bis zu den Zehen mit einem duftenden Öl ein, lief nackt wieder ins Schlafzimmer und öffnete die andere Seite des wandbreiten Schrankes. Wobei sie auf die Uhr sah.

Kurz nach eins.

Michael hatte sich angesagt für vierzehn Uhr.

Sie hatte Zeit!

Die Frage hieß, womit sie ihn empfangen konnte, genauer in welcher Aufmachung. Julia bewegte Kleiderbügel wie eine Konfektions-Verkäuferin, die einer schwierigen Kundin etwas Extravagantes verkaufen will, nahm Kleider aus dem Schrank, drehte sie, daß sie flatterten und bauschten, hängte sie wieder hinein, riß Hosen, Shirts und Blusen von der Stange und stopfte sie wieder hinein. Drei Meter breit war die Auswahl, aber Julia fand, daß die Auswahl ärmlich war. Im übrigen kam es nach einer Flugwoche auch auf das Darunter an.

Sie sprang zurück zur anderen Hälfte des Schranks, wo in tiefen Fächern neben Michaels Slips und Hemden auch Damenwäsche verstaut war. Jedes Stück mit ausgestreckten Armen von sich haltend, prüfte sie Tangas, solide wie verrückte, überlegte dabei, ob sie Strümpfe tragen müsse oder Strumpfhosen oder keines von beiden. Sie entdeckte, als das Telefon läutete, zwischen ihren Dessous die lange Korallenkette, die sie seit Wochen vermißt hatte. Eigentlich war die rote Kette dazu da, dreimal um den Hals geschlungen zu werden oder auch viermal, Julia aber legte sie nur einfach um und ließ die Korallen baumeln. Das Telefon läutete noch, als sie vor den Spiegel trat. Die Kette, fand sie, fiel apart. Sie fiel vom Hals über die Brüste bis unter den Nabel. Sie drehte sich und sah sich im Profil. Ein Anfang von Bekleidung war die Kette schon! Dann endlich lief sie ins Wohnzimmer und nahm ab. Es war ihre Cousine Marion in Darmstadt.

»Ich dachte schon, du seist wieder nicht zu Haus!« hörte sie.

»Wieso wieder nicht? Ich bin immer zu Haus!« war ihre Antwort.

»Und eine Entschuldigung für dein Schweigen hast du nicht?« dröhnte es etwas schrill in ihr Ohr.

»Ja, ja, ich weiß …«, versuchte sich Julia zu verteidigen, während sie mit einer Korallenkette spielte, »vor fünf Wochen habe ich dich versetzt … aber es ging nicht anders!«

»Extra für dich habe ich eine Orangen-Sahne-Torte gebacken und habe dir im Wohnzimmer ein pflaumenweiches Bett gemacht, denn eine Nacht hattest du bleiben wollen. Wir hatten uns vorgenommen und darauf gefreut, in Seelenruhe miteinander zu quatschen … aber wer nicht kam, das warst du!«

Julia holte Luft, sie war empört wie eine Angeklagte,

die sich im Gerichtssaal von einem fiesen Staatsanwalt ungerecht behandelt fühlt, und rief: »Das hast du mir nicht gesagt! Aber auch, wenn du es mir gesagt hättest, wäre es nicht gegangen!«
»Und warum nicht?« bohrte ihre Cousine.
»Ich hatte die feste Absicht, zu dir zu fahren, bitte glaube mir das! Auch die Fahrkarte hatte ich mir schon gezogen, aber dann ...«
»Was dann?«
»Kam er.«
»Welcher er?«
»Ein Traummann!«
»Das darf doch nicht wahr sein!« hörte Julia, spielte wieder mit der langen Korallenkette und hatte den Mut, der Cousine etwas wenn nicht ins Gesicht, so doch aber ins Ohr zu sagen:
»Seit letztem Jahr, das hast du mir gebeichtet, hast du auch einen!«
»Allerdings.«
»Ich aber lernte meinen kennen, als ich zu dir fahren wollte!«
»Deshalb hast du mich versetzt?«
»Hättest du etwas anderes getan?«
»Julia, sei doch nicht gleich beleidigt! Wie konnte ich das wissen? Wie sieht er denn aus?«
»Du würdest seufzen, wenn du ihn sähest!«
»Und was ist er?«
»Kein Vertreter!« antwortete Julia.
»Vertreter für Druckpapiere verdienen Spitze, meine Liebe! Aber nun sag schon, was er ist!«
»Chef-Steward bei der Lufthansa!« Es war ein Ausruf des Triumphes, den Julia Bongartz von sich gab. Für

einige Sekunden war dann auch Schweigen am anderen Ende. Julia genoß es. Was war ein Papiervertreter gegen einen Chef-Steward? Doch dann hörte sie:
»Hoffentlich verwöhnt er dich auch ein bißchen! Mein Michael denkt überhaupt nicht darüber nach, wenn er mir an jedem Wochenende ein Gesteck mitbringt, das mindestens achtzig Mark gekostet hat!«
In Julias Gehirn fiel eine Klappe: »Dein Freund heißt Michael? Meiner auch ...«
»Dann hätten wir wenigstens seinen Vornamen gemeinsam«, hörte Julia und zog den Verschluß ihrer Korallenkette in den Nacken, wohin er gehörte, »und derselbe Mann wird's bestimmt nicht sein! Vor 1914, das habe ich mal gelesen, hieß jeder zweite Mann in Deutschland Wilhelm, heute heißt jeder zweite Michael, irgendwie irre, aber was soll's? So einen zweiten Mann trafst du also, als du zu mir fahren wolltest... Gratuliere!«
»Danke!« sagte Julia, spielte wieder mit Korallen und hörte:
»Ich habe eine Idee! Könnten wir unsere Traummänner nicht mal gegenseitig bewundern?«
»Wie meinst du das?« Julias Frage war nicht ohne Argwohn.
»Ich meine, daß du am nächsten Wochenende mal nach Darmstadt kommen solltest ... mein Michael ist von Freitagabend bis Sonntagnacht immer da, in den übrigen Tagen der Woche rast er durch die Bundesrepublik ...«
Zwei Cousinen sannen am Telefon darüber nach, wie sie es organisieren konnten, der jeweils anderen einen Traummann zu präsentieren, der im Falle Ma-

rions seit vielen Monaten einer war, im Falle Julias erst seit fünf Wochen. Die Cousinen ergingen sich sogar schon in Details. Wo in Darmstadt gegessen werden konnte und wo in Mainz. Ob sich die Chefsekretärin Marion Melton nicht einen halben Tag frei machen könnte, um nach Mainz zu fahren, weil Julias Michael ja immer nur am Dienstag und Mittwoch zur Verfügung stand, ja die Cousinen versuchten sich sogar darüber abzustimmen, ob sie sich zu diesen aufregenden Begegnungen sportlich oder festlich kleiden sollten …

Michael Wolf saß zu dieser Zeit in einem Nahverkehrszug nach Mainz und dachte nichts Arges. Er fühlte sich im Gegenteil rundum zufrieden. Er brach eine Tafel ›Herrenbitter‹ auf und begann die tiefbraunen Rechtecke genüßlich zu verspeisen. An jedem Tag aß er eine solche Tafel, weil er die Erfahrung gemacht hatte, daß Schokolade potenzfördernder war als irgendein Mittelchen aus der Apotheke. Außerdem war ›Herrenbitter‹ billiger.
Er brach, Daumen und Zeigefinger auf Stanniol drükkend, die Schokolade reihenweise ab und führte den Riegel an seinen Mund, mit Neid beobachtet von einer Vierjährigen, die ihm gegenüber an der Seite ihrer Mutter saß. Die Mutti war ihm nicht sympathisch, sie war zwar jung und frisch, aber viel zu sehr Hausfrau. Michael stand auf Damen mit dem Flair für das Besondere, auch wenn sie schon vierzig Jahre zählten, für Frauen dagegen, die nur Kinder und Küche kannten, hatte er keine seiner ausschweifenden Gefühle übrig. Dennoch empfand er gegenüber dem

Töchterlein so etwas wie Mitleid. Mußte es für das Kind nicht grausam sein, fragte er sich, zusehen zu müssen, wie ein fremder ›Onkel‹ eine ganze Tafel Schokolade in sich hineinfuhr, als handele es sich um Würstchen?

Wieder setzte er Daumen und Zeigefinger auf Stanniolpapier, brach den nächsten Riegel ab und bot ihn der hübschen Kleinen an, die auf ihre Mutti sah, wie um zu fragen, ob sie das unerwartete Geschenk auch annehmen dürfe. Aber die Mutti nickte, und das Ergebnis war für alle Beteiligten ebenso enttäuschend wie katastrophal. Denn die Kleine mit den hübschen Bäckchen und den sehnsüchtigen Kulleraugen hatte kaum zugebissen, als sie auch schon das Gesicht verzog, protestierend beide Hände vor das Mäulchen riß und auf einer blütenweißen Hose einen dunkelbraunen Fleck fabrizierte.

»Ich bitte um Entschuldigung!« entfuhr es Michael.

»Sie haben es ja nur gut gemeint!« antwortete die Mutti.

Und er beobachtete, wie ein fast voller Riegel seiner ›Herrenbitter‹ im Aschenbecher landete und wie die Hose einer Vierjährigen mit Taschentuch und Mutterspucke zu reinigen versucht wurde. Was ihm peinlich war. Weshalb er, eine Verbeugung andeutend, die nach ›Bitte verzeihen Sie mir doch!‹ aussah, aufstand und so tat, als müsse er bei der nächsten Station aussteigen. Er stieg aber nicht aus, er ging nur einen Waggon weiter, setzte sich, labte sich an dem Rest seines Potenz-Präparates und fragte sich, warum es in dieser Welt Geschenke gab, die dem Beglückten nur Unglück brachten.

War die Rolex ein solches Geschenk?
Papier und Stanniol in einen Aschenbecher stopfend, sah er die neue Armbanduhr an. Marion in Darmstadt hatte sie ihm geschenkt. Ein Ding von über 10000 Mark.
War der weiße Jaguar ein solches Geschenk?
Julia in Mainz hatte ihm das Gefährt zwar noch nicht übereignet, der Kraftfahrzeugbrief lautete noch auf ihren Namen, aber da sie keinen Führerschein besaß, fuhr er den heißen Schlitten. In jeder Woche von montags bis freitags. Übers Wochenende chauffierte er einen mittelalten Mittelklasse-Wagen, weil er der Chef-Sekretärin der CICERO-PRESSE, einer Darmstädter Druckerei, deren Aufträge ihm in jedem Monat eine kleine Provision einbrachten, nicht verdächtig werden durfte. Daß er heute, an einem Dienstag, nicht im weißen Jaguar, sondern in einem von Dorf zu Dorf dahinbummelnden Nahverkehrszug saß, war nur darauf zurückzuführen, daß seine Kasse leer war. Michael brauchte Geld. Um Blumen und Zechen in Mainz, Heidelberg und Darmstadt zu bezahlen, um Ober- wie Unterbekleidung in den gleichen Städten ergänzen und um die Miete für sein bescheidenes Appartement in Nauheim, in welchem er seine bitter notwendigen Ruhetage zu verbringen pflegte, überweisen zu können.
Makellos rasiert und in der Dienstkleidung eines Stewards der Lufthansa war er in Nauheim in den Zug nach Mainz gestiegen und bereitete sich, als die Tafel ›Herrenbitter‹ aufgegessen war und er die Vierjährige und deren Hose endlich vergessen hatte, auf die erste Begegnung der neuen Woche vor. Was er dabei nie

vergessen durfte, das war, sich darauf einzustellen, wie alles begonnen hatte. Das andere ergab sich dann zwangsläufig.

Hinter seinem Abteilfenster flitzte Kiefernwald, wischten auch Birken vorbei, Michael Wolf aber sah sich durch den Hauptbahnhof von Mainz gehen mit einem großen Strauß, in welchem drei rote Rosen versteckt waren. Den Strauß hatte er für eine ihm noch fremde Dame erstanden, mit der er auf ein Zeitungs-Inserat zwei Briefe gewechselt und mit der er sich verabredet hatte. Erkennungszeichen: Blumen auf der einen Seite, olivgrünes Kostüm auf der anderen. Doch in der Halle des Mainzer Hauptbahnhofs, wo das Kennenlernen hatte stattfinden sollen, war Michael über eine Frau mit blonden, kurzen Haaren nicht gerade gestolpert, aber er war fasziniert stehengeblieben. Weil sie, ihn anstarrend, zuerst stehengeblieben war. Sie hatte das Flair des Besonderen gehabt. Sie war wohlhabend gekleidet, trug schweren Schmuck und hatte Augen, in denen liebenswerte Naivität strahlte, aber auch Hunger nach Leben brannte. Oder nach Liebe. Mit diesen Augen hatte sie ihn bewundernd gemustert, war sich dann aber wohl der Unmöglichkeit ihres Benehmens bewußt geworden und mit ihrem kleinen Koffer – geradeaus blikkend – an ihm vorbeigegangen.

Michael änderte seinen Kurs um einhundertachtzig Grad, folgte ihr auf den Bahnsteig 1, folgte ihr in den Tunnel, prüfte ihren Umriß und ihre Bewegungen, sah sich satt an einem zarten Nacken, an zwei Beinen und zwei rollenden Backen und war der festen Meinung, diese Frau näher kennenlernen zu müssen.

Die blonde Kurzhaarige steuerte die Treppe zum Gleis 4a an, er wählte die Treppe zum Gleis 4b, sprang, drei Stufen auf einmal nehmend, zum Bahnsteig empor, schlug einen Haken, rannte zur anderen Treppe und stellte sich einer attraktiven Dame, die kurze, blonde Haare hatte und die gerade die letzte Stufe erklimmen wollte, in den Weg: »Ich laufe seit Tagen hinter Ihnen her, endlich laufen Sie mir mal entgegen! ... Darf ich?«
Die hungrigen Augen strahlten ihn an, und der für eine Fremde bestimmte Strauß landete an der Brust derer, hinter der er erst seit einer Minute hergelaufen war. Worauf er sofort ihren Koffer an sich riß.
»Warum wollen Sie in die Ferne?« hatte er gefragt. »Ist die Nähe zweier Menschen nicht viel schöner?«
So hatte es angefangen mit Julia in Mainz. Seine herausgesprudelten Sätze in der Mitte zwischen den Gleisen 4a und 4b waren – Michael machte sich nichts vor – eine seelische Vergewaltigung gewesen, doch Julia Bongartz hatte die Vergewaltigung nicht nur über sich ergehen lassen, sondern sie genossen. Sie war nicht in den D-Zug nach Darmstadt eingestiegen, sondern seiner Einladung zum Essen gefolgt. Sie hatte hinreißend gelächelt, als er mit ihr, um zu den Taxis zu gelangen, die Halle des Hauptbahnhofs durchschritt, wo eine Dame in olivgrünem Kostüm, die weit älter war als seine Begleiterin, mit aufgesetztem Lächeln und Enttäuschung widerspiegelnden Blicken genau in der Mitte gestanden hatte.
Der Nahverkehrszug rauschte über den Rhein. Michael sah auf Schiffe, an deren Hecks es schäumte, und auf den ehrwürdigen Dom, dessen Türme er von

Julias Wohnzimmer her kannte. Es wurde ernst mit der neuen Woche. Doch sich die heutige Begrüßung zurechtzulegen, dazu kam er nicht, weil ein grauhaariger Herr, der ihm gegenübersaß, den er aber, vertieft in Erinnerungen, überhaupt noch nicht bemerkt hatte, sich mit lauter Stimme an ihn wandte:

»Bitte entschuldigen Sie ...!«

»Warum?« fragte Michael.

»Ich habe ein Problem«, antwortete der freundlich lächelnde Alte, »das Sie bestimmt lösen können ...«

»Ich?«

»Sie sind bei der Lufthansa, nicht wahr?«

»Allerdings«, antwortete Michael.

»Dann sind Sie der Fachmann, den ich suche! Ich bin schon oft geflogen, das dürfen Sie mir glauben, ich war schon in Nairobi, in Melbourne und Hawaii, ich kenne die Flughäfen von Caracas und Kapstadt, auch von Shanghai, nur nicht den von Köln ...«

Michael schluckte. Er trug zwar die Dienstkleidung eines Chef-Stewards der Lufthansa, gehörte damit zum fliegenden Personal, aber geflogen war er noch nie. Er hatte sogar Angst vorm Fliegen. Am Steuer des weißen Jaguars flog er zwar zuweilen mehr über die Autobahnen als daß er fuhr – aber richtig fliegen hoch oben in der Luft? Das war ihm immer zu gefährlich erschienen. Über den Wolken gab es keine Betondecke, auch keine Parkplätze. Aber er fing sich:

»Warum fürchten Sie Köln?«

»Fürchten habe ich nicht gesagt!« widersprach sein Gegenüber, während der Nahverkehrszug, spürbar verzögernd, in die Station Mainz-Süd einrollte und Michael seinen Anzug zum ersten Mal verfluchte. In

Nauheim, wo er wohnte, gab es tatsächlich einen Chef-Steward der Lufthansa, der von allen jungen Damen der Gemeinde umschwärmt wurde, weshalb er während des ersten Essens mit Julia behauptet hatte, ein solcher zu sein, worauf sie dann sofort in ihre Wohnung gefahren waren.

»Fürchten habe ich nicht gesagt«, wiederholte der impertinent freundliche Herr, als der Zug anfuhr und mit pfeifendem Signal in den Tunnel glitt, »heute morgen erhielt ich nur ein Telegramm meiner Tochter, wonach sie um 18 Uhr 13 in Köln landen würde. Aber ich weiß nicht, wo in Köln der Flugplatz ist!«

Michael atmete erleichtert auf. Wenn es weiter nichts war! So viel wußte er als Zeitungsleser und Fernseh-Zuschauer: »In Köln-Wahn!«

»Das weiß ich auch!« entrüstete sich der Alte. »Aber wo liegt Köln-Wahn?«

»Da bin ich überfragt!« antwortete Michael und überprüfte den Sitz seiner Lufthansa-Mütze. »Ich fliege nämlich meist nur Vögel von Frankfurt nach New York und zurück, in Maschinen also, die in Köln-Wahn nicht landen ... und ein großes Tier, ein Staatsoberhaupt meine ich, das in Wahn zu Boden geht, hatte ich leider noch nicht an Bord!«

»Ach so!« rief der Grauhaarige aus.

Michael dagegen stand auf, denn auf der Tunnelwand spiegelte sich das Licht des Tages, der Hauptbahnhof von Mainz war nahe. Er legte artig zwei Finger an seine Mütze, versuchte zu lächeln und sagte: »Leider muß ich aussteigen, aber wenn Sie in Köln ein Taxi nehmen, wird es Sie bestimmt zum Flughafen fahren!«

»Das wäre mir auch eingefallen, mein Herr!« hörte Michael noch, als er zur Ausgangstür schritt. Er sprang auf den Bahnsteig, als würde er verfolgt. Er rannte die Treppe zum Tunnel hinunter wie ein Gejagter. Diese Uniform, dachte er, als er die Treppe zum Ausgang emporspurtete, bringt mich noch an den Ruin! Andererseits war sie die einzig mögliche Konsequenz gewesen – und teuer ja auch nicht. Michael hatte sie in einem Mainzer Kostümverleih gekauft.

Er lief durch die Halle zum Blumengeschäft, forderte den obligatorischen Strauß mit drei roten Rosen und achtete darauf, daß die neue Kreation wieder etwas anders war als die Sträuße, die er Julia seit der ›Vergewaltigung‹ in jeder Woche überreicht hatte. Natürlich wußte er, daß, wenn er sich unter Jüngeren umsah, ein Mann, der sich dem anderen Geschlecht mit einem Strauß näherte, aus der Mode gekommen zu sein schien – aber auch nur schien! Julia in Mainz, Marion in Darmstadt und Dagmar in Heidelberg hatten sich nach seinen Sträußen immer noch geöffnet, körperlich wie finanziell. Außerdem kam wohl auch hinzu, daß der Turnschuh-Generation das Geld für Blumen fehlte, daß den Jeans-Typen die Trauben zu hoch hingen.

»Wäre es recht so?« fragte die Floristin, die er in dem gleichen Laden schon zweimal gesehen hatte und die einen Strauß drehte, der nach Lyrik aussah. Michael nickte.

»Fünfzig Mark, mein Herr ...«

Michael blätterte sie hin. Vom vorletzten Geld. Mit fast dem letzten mietete er ein Taxi:

»Zum Brand!«
»Nummer?« fragte der Fahrer.
»Fahren Sie zum ... ich weiß nicht, wie das Ding heißt ... aber es ist ein Mobile ...«
»Okay!«
Als er ausgestiegen war, spürte er wieder das verdammte Herzklopfen. Mit dem Strauß in der Linken, der umhüllt war von Cellophan und geschmückt mit bunten Papierkringelchen, stand er vor dem haushohen Mobile und stellte sich die Frage, was passieren würde, wenn Julia nicht zu Haus wäre. Er blickte auf die sich bewegenden Hebel und Greifer eines modernen Kunstwerkes, das nach seiner Ansicht die Hektik des Industrie-Zeitalters zum lustvollen Tun herunterspielte. Irgendwie erinnerte ihn das gigantische Ding an einen ›Heidelberger Zylinder‹, an eine leise fauchende und verhalten klappernde Druckmaschine, vor der er außer vor Setzkästen am Tag zehn, manchmal auch elf Stunden gestanden hatte, um es einer Hildegard May recht zu tun, einer nicht besonders schönen, aber auch nicht häßlichen jungen Frau, die ihn für die Knochenarbeit mit allem versehen hatte, was ein Mensch brauchte, mit Essen, Kleidung, Wohnung und einem warmen Bett. Sie hatte die kleine Druckerei von ihrem Vater geerbt, die Meisterprüfung in schwarzer Kunst bestanden (wogegen er nur den Gesellenbrief eines Schriftsetzers in der Tasche gehabt hatte) und auch wie ein Meister gearbeitet, ohne Rücksicht auf ihr Make-up oder auf ihre Fingerspitzen, die meist schwarz waren. Was ihm imponiert und ihn angespornt hatte, ebenso zuzupacken wie die Meisterin. Leider war das Zupacken aber ausgeartet

und geendet im Streß. Weshalb er eines Tages geglaubt hatte, aussteigen zu müssen. Vertreter für Druckpapiere war er geworden, ein Handlungsreisender, der in seinem Auto fünf Tage in der Woche von Druckerei zu Druckerei durch die Bundesrepublik gekurvt und damit vom Regen in die Traufe gekommen war. Denn dieser Streß war für Michael Wolf ebensowenig auszuhalten gewesen, weshalb er auch diesen Job – wenigstens halb – an den Nagel gehängt hatte, um nicht immer an jedem Tag angetrieben zu werden. Doch nun, angesichts eines Mobiles, das einem ›Heidelberger Zylinder‹ glich, stand er vor neuem Streß:

Was, wenn Julia nicht zu Hause war? Zu Fuß zurücklaufen zu seiner Bude in Nauheim? Zwanzig Kilometer waren das unbedingt. Und was wäre dann? Den Strauß in seiner Linken konnte er weder aufessen noch in Zahlung geben. Er sann nach über seine Zukunft.

Bis er die Blicke von würdigen Damen wahrnahm, die den kleinen Platz überquerten und ihm ein huldvolles Lächeln schenkten, auch staunende Blicke von jungen Muttis, die einen Kinderwagen schoben und ihn zu bewundern schienen.

»Wohin wollen Sie denn?«

Die Frage kam von einem Mann in den siebziger Jahren, der die Freizeit-Kleidung eines Rentners trug.

»Danke!« antwortete Michael und schritt, beäugt von Neugierigen, vom Action-Kunstwerk hinein in den ›Brand‹, in eines der nobelsten Viertel der Mainzer Innenstadt. Schon nach achtzig Schritten war er an der Rufanlage. Er drückte und hörte:

»Ja …?«
»Ich bin's, Michael!«
Die Tür schnarrte, und Michael nahm aus Freude darüber, in einer ihm feindseligen Welt wieder ein Zuhause gefunden zu haben, nicht den Lift, sondern sprang auf der Treppe die drei Stockwerke empor.
Im Türrahmen neben dem Namensschild ›Bongartz‹ stand sie, stand eine attraktive Dame mit kurzgeschnittenen, blonden Haaren und leuchtenden Augen, die sich, das erkannte Michael auf den ersten Blick, gerade einen weißen Bademantel übergeworfen haben mußte, denn sie knotete noch den Gürtel.
Die Begrüßung war stürmisch wie immer. Julia riß den Strauß an sich und den Mann und hatte dann gerade noch Zeit, die Wohnungstür zu schließen. Denn von einem Augenblick auf den anderen hatte Michael alles vergessen. Die Vierjährige mit der Schokolade. Den impertinenten Alten mit den neugierigen Fragen. Sogar Hildegard May und ihre Klitsche, die ihn ernährt hatte. Er war nur noch Verlangen. Er war nur noch ein Mann, der nach zwei Jahren Seefahrt endlich wieder eine Frau in seine Arme nehmen konnte.
Er täuschte die Begierde nicht vor. Zwar schämte er sich ein wenig, als er einen mit weißem Frottee eingewickelten Körper durchknetete, aber nur, weil er fürchtete, diesen Körper zu zerbrechen.
Julia zerbrach aber nicht. Julia brachte sogar die Kraft auf, sich von ihm zu lösen, nicht um ihm zu entfliehen, sondern um den Gürtel zu lösen, den sie eben erst geknotet hatte. Worauf Michael etwas sanfter wurde. Denn jetzt spürte er nicht mehr Frottee, sondern nackte Haut, wohin seine Hände auch griffen.

Solche Begrüßung war neu für ihn – zumindest im Falle Julias. Bisher war sie ihm, wenn er eintraf, immer in einem Kleid, einem Anzug begegnet, in irgendwelchen schicken Klamotten, die er immer erst mühevoll von ihr hatte abpellen müssen. Heute war das anders. Heute ertasteten seine Hände nur seidige Haut und zwischen ihren Brüsten nur eine Art von Kette.

»Ich schäme mich ...«, flüsterte es an seinem Ohr.

»Warum?«

»Weil ich dich so nackt empfange!«

»Sicher warst du im Bad!«

»Da war ich natürlich auch, aber meine Cousine ... vor zwei Minuten war sie noch am Apparat ... hat die Telefonitis, die hört einfach nicht auf!«

Michael hörte auch nicht auf. Zuerst allerdings warf er seine Lufthansa-Mütze auf den Teppich des Korridors, auch seine Jacke, riß sich das Hemd auf, griff wieder in den offenen Mantel hinein und koste Brüste, Hüften und Backen. Bis er den Einfall hatte, die Korallenkette als Faden der Ariadne zu benutzen, als einen Führer durch das Labyrinth von Kurven, Schwellungen und Höhlungen. Der Ariadnefaden betrog ihn nicht. Michael fühlte einen Nabel, einen flachen Bauch, krause Locken und eine Handvoll Schlüpfrigkeit, während er sich einer Zunge ergab, die gegen seine trommelte. Dann war er mit Julia schon im Schlafzimmer, im großen Bett, um 14 Uhr 10 an einem Dienstag.

Danach lagen beide wie zwei Löffelchen, sie vorn, er dahinter.

»Michael ...!?«

»Ja?«
»Ich muß dich mal etwas fragen ...«
»Aber bitte!«
Das vordere Löffelchen warf sich mit einem Satz herum, präsentierte ihm die Vorderseite und sah ihn mit samtbraunen Augen an. Die Korallenkette lag auf ihrer linken Brust und fiel von dort, der Schwerkraft folgend, senkrecht auf das Bettuch. Michael legte die Kette behutsam auf das Schlüsselbein, weil er fürchtete, daß die scharfen Korallen die zarte Brust kratzen könnten.
»Nun frage doch, mein Schatz!«
Julia schien noch zu überlegen, umrundete mit einem Finger seinen Mund und überwandt sich dann: »Wir kennen uns seit fünf Wochen ...«
»Das ist richtig«, bestätigte Michael und schob seinen Kopf etwas näher an den zärtlichen Finger.
»Wir lernten uns kennen auf Bahnsteig vier ...«
»Ja.«
»Du kamst mit Blumen ...«
Michael nickte und bemerkte, daß die rote Kette trotz seiner Vorsorge schon wieder die Brustwarze erreicht hatte, weshalb er die ganze Brust einfach in die Hand nahm, um sie vor weiteren Belästigungen zu bewahren.
»Du sagtest: Seit Tagen laufe ich hinter Ihnen her... endlich laufen Sie mir mal entgegen ...«
»Ja, das habe ich gesagt!«
»Woher kanntest du mich denn? Ich jedenfalls habe dich an diesem Tag zum ersten Mal gesehen, nämlich in der Bahnhofshalle! Du liefst durch die Halle mit einem Strauß in der Hand ...«

»Dein Gedächtnis ist bemerkenswert!« antwortete Michael und drückte ein wenig das, was er in der Hand hielt.
»Bitte keine Witze, Michael! An welchen Tagen zuvor liefst du hinter mir her? Ich will es wissen!«
Die Frage war heraus. Irgendwann hatte Michael sie erwartet. Er hatte sich auf die Frage auch schon vorbereitet. Dennoch kam für ihn die Frage in diesen Minuten – noch dazu auf einem großen Bett – etwas plötzlich. Er zog sogar seine Hand von warmem, schwellendem Fleisch, legte die Korallen wieder höher und sagte, weil ihm dies als einziger Ausweg erschien, die Wahrheit:
»Ich war allein auf der Welt ... und Alleinsein ist schrecklich, weißt du das?«
Julia nickte: »Wem sagst du das!«
»Ich war es müde, immer allein zu sein, ich schrieb auf die Anzeige einer Frau, die ebenfalls nicht mehr allein sein wollte. Wir tauschten zwei Briefe, ihr Foto war annehmbar ...«
»Sandtest du auch ein Bild von dir?«
»Sicher, aber eines in Zivil ... und wir verabredeten uns zu einem Dienstag in der Halle des Hauptbahnhofs ... ich kaufte Blumen, weil das so verabredet war, lief zum vereinbarten Treffpunkt und ... sah dich!«
Abrupt setzte sich Julia auf, und die Korallen fielen von ihrem Nacken bis auf die Schenkel: »Und?«
»Ich wußte, daß ich jemandem wehtun würde, aber ich hatte keine Wahl. Ich hatte deine Rehaugen gesehen ... ich lief hinter dir her, ich konnte nicht anders, ich bewunderte, als ich hinter dir herlief, deinen Hin-

terkopf, deine Beine und das da ...!« rief er heiser, drehte seine Gesprächspartnerin, die dagegen lauthals protestierte, auf den Bauch, küßte zwei runde Backen, stellte dabei fest, daß der Protest verebbte, warf sich neben sie und flüsterte nur noch: »Du wolltest zum Bahnsteig 4a, ich lief zum Bahnsteig 4b hinauf, drehte oben eine Steilkurve, überreichte dir die Blumen, die gar nicht für dich bestimmt waren, und sagte dann den Satz, der keine Lüge war. Denn du kamst mir entgegen. Nachgelaufen war ich dir auch ... in der Halle hatte ich mich in dich verknallt!«
Julia hob den Kopf, Michael versank in braunen Augen und hörte: »Das muß ich meiner Cousine erzählen ...«
»Welcher Cousine?«
»Ich habe nur eine, aber das muß ich ihr erzählen!«
»Warum?«
»Damit sie staunt!« Ihr Tonfall war der einer Siegerin. Michael fühlte sich freigesprochen und küßte erleichtert einen Mund, dessen Rot seit dem Empfang in der Diele über den Lippenrand hinausragte, was ihm sinnlich erschien, der dann aber etwas sagte, was ihm weniger gefiel:
»Noch mehr staunen würde sie allerdings, wenn du es ihr selbst sagen würdest!«
»Ich?«
»Sie hat uns für heute abend eingeladen, es war ihr letzter Satz am Telefon, als du vorhin auf den Klingelknopf drücktest, und wir sollten die Einladung annehmen ... richtiger gesagt, wir sollten der Einladung folgen, denn angenommen habe ich sie schon!«
In Michael sträubte sich etwas. An sechs Tagen in der

Woche bei drei Frauen so zu wohnen, als sei die jeweilige die einzige, das war schon Streß genug, aber mit einer jeweiligen auch noch eine vierte zu besuchen, das mußte, dachte er, noch aufreibender sein. Er streichelte kurzgeschnittene, blonde Haare, auch ein Schulterblatt und glaubte dann, eine plausible Antwort gefunden zu haben:

»Das paßt mir gar nicht, Schatz! Ich habe wieder den halben Erdball hinter mir, heute morgen war ich noch in Rom ...«

Und Julia ließ sich ablenken: »In Rom? Römerinnen sollen heißblütig sein, stimmt das?«

»Gegen dich sind sie Eisblöcke!« gab er befriedigt zurück und streichelte eine Wirbelfurche. »Und kurz vor Morgengrauen tankten wir in Beirut ...«

Julia saß wieder, faßte mit beiden Händen seine Schultern: »Bist du verrückt? Da kann man doch nicht tanken!«

»Der Treibstoff in Beirut ist der gleiche wie in Frankfurt!«

»Aber nicht die Menschen! Die in Beirut entführen doch jeden!«

»Mich nicht ... ich bin ja hier!«

»Gott sei Dank!« seufzte Julia, tat, als habe sie einen Helden neben sich liegen und legte einen Arm um seinen Nacken. »Und wo warst du davor?«

»In Bangkok.«

»Das ist ja noch gefährlicher!« rief sie und zog ihren Arm spontan zurück. »Mein Werner war da mal und lachte noch, als er es mir erzählte! Hast du dich da von mandeläugigen Spielkätzchen vielleicht auch massieren lassen?«

»Aber Schatz! Ich kenne wirklich nur den Flughafen von Bangkok! Da habe ich gegessen und vier Stunden geschlafen ...«

»Ach so!« Julia legte sich, als sei sie beruhigt, wieder auf die Seite, um sofort wieder emporzuschnellen: »Dann bist du also, wo du auch bist, mit deinen Stewardessen allein?«

Michael überlegte kurz und war überzeugt, nichts anderes als ein Ja von sich geben zu müssen.

»Zwischen den langbeinigen Stewardessen und dem attraktiven Chef-Steward passiert überhaupt nichts?«

»Was soll denn da passieren?« fragte er und ordnete wieder eine Korallenkette zwischen zwei Brüsten.

»Das fragst du noch?«

»Du denkst wie eine, die noch nie geflogen ist ...«

»Bin ich aber! Ich war schon in Ibiza, auf den Kanaren und sogar auf den Bermudas!«

Das war neu für Michael. Er staunte. Er hatte noch nie ein Flugzeug bestiegen, die nackte Julia aber war schon über den Atlantik gejettet! Er prägte sich die Inseln ein, denn auf diesen durfte er nie gewesen sein!

»Dann müßtest du eigentlich wissen, was an Bord passiert!« begann er seine Antwort. »Wenn unsere Crew fünf Tage lang ... fünf, mein Schatz! ... unterwegs ist, dann gibt es nur ganz kurze Pausen, in der übrigen Zeit hat die Crew hart zu arbeiten! Zeit für Flirts ist da nicht drin!«

»Ich soll glauben, daß sich dir noch keine einzige Stewardeß genähert hat?«

Michael brauchte wieder einige Augenblicke, um eine Antwort zu finden, und schwindelte, um nicht als

Lügner angesehen zu werden: »Ja, einmal ist das vorgekommen ...«
»Wie sah sie aus?«
»Sie hatte ...«, stotterte er und strapazierte seine Erfindungsgabe, »... schwarze Haare ...«
»Liebst du schwarze Haare?«
»Ich liebe blond, nämlich dich! Sie hieß Corinna und kam aus dem Bayerischen Wald, aus irgendeinem Nest dort, sie war neu in der Crew und nach dem Start in Frankfurt noch völlig normal, aber schon über dem Atlantik ... wir flogen die Route nach Frisco über New York ... ließ sie mich im Gang zwischen Kabine und Küche ihre Hüften spüren...«
»Unglaublich!« unterbrach ihn Julia.
»...welche Berührungen ich als Zufälle hinnahm, als Zufall Nummer eins, zwei, drei und so weiter, bis sie kurz nach New York eine sehr direkte Frage an mich stellte ...«
»Sag es!«
»Ob ich sie injizieren könne. Sie leide an Ischias ...«
»Nein!« Julia saß nicht auf dem Bett, sie kniete drauf und das voller Empörung. Michael betrachtete eine baumelnde Kette und einen nackten Körper von den blonden Haaren bis zu den Knien und hatte den nächsten Einfall für seine Geschichte:
»Auf meine Frage, wie sie bei der Lufthansa mit Ischias Stewardeß hatte werden können, gab sie schlicht zur Antwort, daß sie danach nicht gefragt worden sei und daß sie die Ampulle bei sich hätte und auch eine Spritze ...«
»Kannst du denn spritzen?« Julias Augen wurden immer größer.

»Ein Chef-Steward muß das können, darin sind wir ausgebildet. Ich ließ mir den Beipackzettel der Ampulle geben, um zu erfahren, auf welchem Quadranten ich die schwarzhaarige Corinna zu bedienen hatte...«

»Was heißt das?«

Michael zwang seine Zuhörerin wieder in die Bauchlage, machte einen Hopser und kniete über ihren Kniekehlen, damit er das, was er erklärte, verdeutlichen konnte: »Jede Backe ist in vier Quadranten aufgeteilt«, dozierte er und tippte drauf, »oben eins und zwei, unten drei und vier!«

Julia warf sich voller Entsetzen auf den Rücken: »Das hat dieses Weib von dir verlangt?«

»Das war noch nicht schlimm, mein Schatz! Im Normalfall braucht eine Dame das Kleid nur anheben und den Slip ein wenig nach unten ziehen, und schon ist die Spritze drin! Im Fall Corinnas aber war das anders ...«

»Sag's doch endlich!«

»In der Kabine konnte ich nicht spritzen, im Cockpit auch nicht, denn Kapitän und Co führten erregte Gespräche mit den Bodenstationen, weil unter uns schwere Gewitter tobten. Ich bat deshalb alle Kolleginnen, die Küche für zwei Minuten zu verlassen, damit Corinna ihren Rock und ihren Slip ... entschuldige bitte, wenn ich mich wiederhole ...«

»Aber dann geschah es! Gib's doch zu!«

»Nichts geschah! Ich schob Corinna in die Küche, machte draußen die Injektion fertig, betrat die Küche, und Corinna war nackt, hatte nur noch ihre Schuhe an, stemmte sich mit ausgestreckten Armen auf dem

Mineralwasser-Container ab und reckte mir links die Quadranten eins bis vier und rechts eins bis vier entgegen ...«

»Wie schamlos!« Es war der Schrei einer empörten Nackten.

»Aber häßlich war sie nicht!«

»Die Corinna?«

»Die Haltung!« erklärte Michael und plazierte feuerrote Korallen, die von Julias Hals auf das Bettuch gerutscht waren, erneut auf einen Frauenkörper. »Doch ich nahm ... ich schwöre es! ... die Einladung nicht an. Denn für eins, zwei, fix bin ich nicht! Bei mir muß die Seele mitspielen, so wie bei dir! Ich setzte die Nadel auf den Quadranten Nummer zwei, ließ Corinna zucken, zielte in Richtung Darmbeinkamm und drückte ab. Dann verließ ich die Küche und sagte allen anderen, daß die Küche frei sei ...«

Julia lachte schallend, lachte, daß ihr Bauch wackelte und die rote Kette wieder auf das Bettuch rutschte.

»Genauso haben meine Kolleginnen auch gelacht!« schmunzelte Michael und genoß sein Erfolgserlebnis. Die Geschichte war angekommen, weit besser, als er gehofft hatte. Weshalb er glaubte, zum Ende kommen zu können: »In Frisco verließ Corinna unsere Crew und fuhr auf Freifahrtschein zurück nach Frankfurt, vielleicht auch in den Bayerischen Wald, genau weiß ich das nicht ...«

»Diese Story«, prustete Julia fröhlich, »mußt du heute abend unbedingt auch erzählen!«

»Schatz, ich sagte schon, daß ich nicht mag!«

»Ich habe die Einladung angenommen, wir müssen hin!« bestand sie.

»Wohin?«
»Nach Darmstadt!«
Der Märchenerzähler Michael Wolf glaubte, daß unter ihm das Bett und der Boden weggezogen werden würden. Darmstadt! Er kannte Julias Cousine nicht, natürlich nicht, aber in Darmstadt hatte er erst das Wochenende bei Marion Melton verbracht, und Marion, das wußte er, streunte abends über Darmstadts Straßen, um irgendwelche Sprachkurse zu besuchen ... die Folgen waren nicht auszudenken. Doch endlich fiel ihm seine leere Kasse ein, und er schlug wieder einmal zwei Fliegen mit einem Schlag: »Wie, mein Schatz, sollen wir denn nach Darmstadt kommen?«
»Mit dem Jaguar! Den muß meine Cousine übrigens auch mal sehen!«
»Der ist nicht verfügbar! Ich bin mit der Bahn gekommen!«
»Mit der Bahn?« Julia fragte es, als habe sie in einem Schlemmerlokal ein Chateaubriand bestellt und erfahren, daß nur noch Pellkartoffeln serviert werden könnten.
»Und mit einem Taxi«, fuhr Michael fort, »denn dein Auto muß repariert werden.«
Julia saß wieder: »Wieso repariert?«
»Die Beifahrertür ist hin!«
»Hast du jemanden angefahren?«
»Wie kann ich, wenn die rechte Tür zu Bruch geht, jemanden anfahren?« fragte er, beobachtete braune Augen unter kurzen, blonden Haaren und glaubte zu erkennen, daß Julia begriff. »Es war ein Mopedfahrer, der aus einer Nebenstraße in die Hauptstraße kurvte,

ohne die Vorfahrt zu beachten. Ich fuhr nur vierzig ... die Polizei bestätigte das, meine Bremsspur war eindeutig ... doch der Jüngling fuhr in mich hinein.«

»Dann muß er zahlen!«

»Kann er aber nicht. Er ist nicht versichert, und er fuhr das Moped seines Freundes, der das Moped geklaut hatte ...«

»Dann müssen seine Eltern zahlen!«

»Die habe ich besucht. Sie wohnen in einer Sozialwohnung. Hast du so etwas schon mal betreten?«

Julia schüttelte den Kopf.

»Jedes Zimmer ist so groß wie eine Kleinst-Garage. In denen hausen sie mit fünf Kindern.«

»Fünf?«

»Fünf! Und der Vater ist arbeitslos. Da ist nichts rauszuholen. Die neue Tür werde ich wohl bezahlen müssen!«

»Wieso du?« rief Julia. »Du bist nicht der Halter!«

»Aber ich bin gefahren!« rief er ebenso laut.

Julia sprang aus dem Bett, schlupfte in ihre Schuhe und warf sich den Frottee-Mantel um. Sie schien bekleidet sein zu müssen, um sich Respekt verschaffen zu können: »Der weiße Jaguar, Michael, ist ein Andenken an meinen Mann. Mit dem ersten fuhr er in den Tod. Es war Totalschaden im doppelten Sinn. Da jedoch der erste voll versichert war, kaufte ich den zweiten, weil es zu einem Jaguar keine Alternative gibt. Auf Bahnsteig 4 tratest du in mein Leben, und ich vertraute dir den Jaguar an, damit du schnell zu deinem Flugplatz kommst und vom Flugplatz auch schnell wieder zu mir. Damit bist du logischerweise nur der Fahrer und nicht der Halter und hast mit den

Kosten nicht das mindeste zu tun! Du zahlst keine Versicherung, du zahlst keine Steuern und keine Wartung, folglich auch keine Reparaturen! Was kostet die rechte Tür?«

»Der Voranschlag lautet über 4200 Mark ... aber die bezahle ich!«

»Ich schreibe den Scheck aus!« rief sie und wandte sich zur Tür.

»Ich will keinen Scheck!« rief er entrüstet hinterher. Aber Julia war schon draußen.

Noch in der ›Ente‹, einem Etablissement für Gourmets, wohin Julia ihren geliebten Michael zum Abendessen eingeladen hatte, weil sie, wie sie gestand, vergessen habe einzukaufen, und sie, wie er wisse, auch keine gute Köchin sei, was er wortreich bestritt, hielt der Streit darüber, wer die Tür des weißen Jaguars bezahlen dürfe, an. Zwischen Langusten-Happen und klarer Ochsenschwanzbrühe wurde Julia, ihre Kroko-Handtasche aufreißend, deutlich: »Hier ist der Scheck! Wenn du ihn nicht nimmst, sind wir geschiedene Leute!«

»Unsere Liebe hat doch nichts mit Geld zu tun!« empörte sich Michael mit gedämpfter Stimme, denn die ›Ente‹ war wie immer voll besetzt.

»Gott sei Dank nicht!« flüsterte sie zurück. »Doch wenn du den Scheck nicht endlich in deine Jacke steckst, kannst du in dieser Nacht im Hotel schlafen, aber nicht bei mir!«

Michael beugte sich der Erpressung, und es wurde noch ein fröhlicher Abend. Von der ›Ente‹ ließen sie sich in eine renommierte Weinstube fahren, in der bei Kerzenschein ein Pianist mit grauen Haaren per-

lende Melodien aufsteigen ließ, als hieße er Claydermann.
»Wie schön, Michael, daß wir den Jaguar nicht haben!« raunte Julia in sein Ohr. »Keinen Tropfen dürftest du mehr trinken!«
»Aber den Mopedfahrer bitte ich noch zur Kasse!« antwortete er und umspannte ein Handgelenk mit schwerer Goldkette.
»Ich denke, er ist arm ...!?«
»Schon, aber er hat sich verkehrsgefährdend verhalten und braucht einen Denkzettel! Ich werde noch mal hingehen und seinen Eltern sagen, daß ich auf die Regulierung des angerichteten Schadens bestehe ... es sei denn, daß der Herr Sohn mir zwei Jahre lang in jeder Woche zwei Mark von seinem Taschengeld bezahlt!«
»Eine gute Idee, Michael, Erziehung muß sein!« antwortete Julia und legte ihre Hand auf seine. »Du bist nicht nur ein solider Chef-Steward, du bist auch ein guter Pädagoge. Prost!«
Zwei Gläser klangen aneinander und wurden geleert. Die nächsten ebenso. Bis Julia einfiel, die Cousine innerhalb von fünf Wochen zum zweiten Mal versetzt zu haben. Voller Entsetzen schlug sie sich mit der Rechten auf den Hinterkopf:
»Michael, das wird nicht gutgehen ...!«
»Was wird nicht gutgehen?«
»Wir wollten doch nach Darmstadt fahren! Und ich habe sie wieder nicht angerufen, daß wir nicht kommen können!«
»Du kümmerst dich etwas zuviel um deine Familie, Julia!« tönte Michael, hob ein neues, volles Glas und

staunte über sich selbst, daß er ›Julia‹ gesagt hatte und nicht nur ›Schatz‹. »Vergiß deine Familie, und laß mich dein Romeo sein! Schon Shakespeare verlangte das von zweien, die sich lieben!«
Julia sah ihn mit ihren braunen Augen an wie auf Bahnsteig 4 des Mainzer Hauptbahnhofes und ließ ihn am späten Abend zum leidenschaftlichsten Liebhaber werden, indem sie einen seiner geheimen Wünsche, wie sie meinte, zu erfüllen versuchte. Denn als Michael das Schlafzimmer betrat, stand sie da wie Corinna in zehntausend Meter Höhe über dem amerikanischen Kontinent. Der einzige Unterschied war, daß sich nackte Arme nicht auf einem Mineralwasser-Container abstützten, sondern auf einem Bett.

Nach der zweiten Nacht mußten beide früh aufstehen. Es war Donnerstag, 4 Uhr 30, eine Morgenstunde, die für einen Playboy eigentlich unannehmbar war. Doch Michaels Erfolg hing, das wußte er, von seiner Glaubwürdigkeit ab. Für Julia, die ihm zu Orangensaft und duftendem Kaffee ein deftiges Frückstück servierte, startete seine Maschine in Rhein-Main um 7 Uhr 05 nach Singapur – über Rom, Kairo und Bombay. Michael zog seine Dienstkleidung an, frühstückte mit Behagen, kramte dabei seine Taschen durch, erbat sich von Julia Kleingeld gegen einen Scheck über hundert Mark, den er jetzt ja wieder ausstellen konnte, setzte sich in das gerufene Taxi und fuhr damit bis Nauheim. Wo es eine für ihn peinliche Begegnung gab. Das Taxi hatte das Ortsschild ›Nauheim‹ gerade hinter sich gelassen, als er auch schon seine Lufthansa-Mütze vom Kopf riß und sein Gesicht nach hinten. Lieber wäre er noch unter das Armaturen-Brett gekrochen, doch daran hinderte ihn der Gurt. Er wollte nicht erkannt werden – nicht erkannt von einem wirklichen Chef-Steward, der gerade auf die Straße lief, um in sein Auto zu steigen.

»Ist was?« fragte der Fahrer.

»Nichts!« antwortete Michael, denn der Mann von der Lufthansa war mit dem Autoschloß beschäftigt gewesen und konnte ihn auf keinen Fall gesehen haben.

In seinem Appartement riß sich Michael den Dienstanzug vom Leib, schlupfte in Jeans, schrieb einen neuen Scheck aus, diesmal über 1220 Mark zugunsten einer Frau Dagmar Eulich-Sturm in Heidelberg, knallte sich in den weißen Jaguar, dessen rechte Tür nicht die geringsten Spuren eines Unfalls zeigte, fuhr nach Rüsselsheim und schalt sich einen Idioten. Fast eine halbe Stunde mußte er in seinem Jaguar warten, bis vor dem Eingang der Bank, bei der er sein Konto unterhielt, endlich das Stahlgitter hochgezogen wurde. Er war der erste Kunde und es ging schnell. Er ließ sich Julias Scheck über 4200 Mark gutschreiben, ließ sich 2000 Mark auszahlen und durchstreifte zu Fuß die City der Opelstadt.

Für Michael begann ein neuer Tag. Genaugenommen begannen zwei neue Tage. Sicher waren die bei Julia amüsant gewesen und auch gewinnbringend. Er hatte nicht gelogen, als er ihr gesagt hatte, sie zu mögen. Er mochte sie wirklich, er mochte sie von den kurzen, blonden Haaren bis zu den knallrot lackierten Zehennägeln, er mochte ihre ganze Art, ihre Naivität wie ih-

ren Hunger nach Leben. Dennoch glaubte er auf Wolken zu laufen, als er an die nächsten zwei Tage dachte, an Dagmar in Heidelberg und Tochter Stefanie. Hinzu kam, daß er in seiner schwarzen Kordel-Handtasche einen Scheck über 1220 Mark trug, der ihm das Zehnfache einbringen konnte. Die Welt war in Ordnung!
Zuerst kaufte er drei Tafeln ›Herrenbitter‹ für sich selbst, fünfzig Schritte weiter eine Musik-Kassette und dann, weil vor dem nächsten Geschäft die bunten Dinger im Morgenwind flatterten, einen Glitzerschal – und dachte wieder einmal an die Meisterin Hildegard May, die bestimmt schon seit zwei Stunden in dem nahen Städtchen Groß-Gerau zwischen dem Heidelberger Zylinder, der alten Bogendruck- und der neuen Offset-Maschine schwitzend hin- und herlief, um all diese Monster mit Papier und Farbe zu füttern. Das war doch irrsinnig! Was kam dabei schon heraus? Ein Anzeigenblatt mit 20000, drei Briefköpfe mit 5000 und ein Trauerbrief mit fünfzig Stück Auflage. War das ein Lebensziel? Von einem glatt gelackten und arroganten Kunden hatte er um neun Uhr morgens sogar einmal den Auftrag erhalten, eine Verlobungsanzeige mit zwei schnäbelnden Tauben und mit gefütterten Umschlägen, die auch noch zu bedrucken waren, bis mittags um zwölf Uhr fertigzustellen, anderenfalls er zur Konkurrenz gehen müsse. Michael hatte gesagt, daß er gefälligst dahin gehen solle, weil er für die Veranstaltung von Wundern nicht ausgebildet sei, doch Bossin Hildegard May hatte das dürftige Manuskript an sich gerissen und »Wir werden schon um elf Uhr fertig sein,

mein Herr!« gesäuselt. Was dann auch geschehen war. Mit flatternden Nerven.
Auf dem Marktplatz in Rüsselsheim drehte sich Michael, ›Herrenbitter‹ und einen Glitzerschal im Arm, in Richtung Groß-Gerau und flüsterte in den Morgenwind, und dies so leise, daß er von Passanten nicht für irrsinnig angesehen werden konnte: »Dann druck man schön, liebe Hilde!«
Worauf es nach Heidelberg ging. Daß er auch dort sein Herz verloren hatte, daran war MIRAMAR schuld, ein Freizeit- und Badezentrum mit Wellenbad, Düsen-Rondo, Sauna, Solarium, Whirl-Pool und einem Sprudelbad unter freiem Himmel. Er war auf der Fahrt nach Heidelberg gewesen, um dort Andruckpapiere anzubieten, womöglich auch zu verkaufen, war aber, weil er keine Lust mehr gehabt hatte, immer nur zu reden, auch keine Lust mehr, fremden Leuten etwas zu verkaufen, was sie nach seiner Ansicht gar nicht brauchten, faul geworden wie die Sünde und hängengeblieben in MIRAMAR. Zuerst hatte er nur geschwommen und sich am Freizeitspaß ergötzt, hatte sich vor rauschender Brandung in einen Liegestuhl geworfen, um sich zu erholen, und hatte, wieder zu Kräften kommend, Blicke gespürt. Es waren die Blicke einer Braunhaarigen gewesen, mit gelb-grünen Augen und einem goldenen Einteiler, der für andere vielleicht nur auffallend, für ihn aber aufreizend gewesen war.
Michael fuhr mit seinem Jaguar auf der linken Spur der Autobahn, knabberte Herrenbitter-Schokolade, mußte auf dem Darmstädter Kreuz bremsen, weil Brummis andere Brummis überholen wollten, und

sah auf der Fahrbahn den sandfarbenen Teppich des Wellenbades von MIRAMAR und über den Teppich eine gischtige Brandung rollen, in welche sich die Braunhaarige hineinlegte.

Noch nie hatte er ein weibliches Wesen verfolgt, das er, um zu einem gewissen Erfolg zu kommen, erst hätte erobern müssen. Noch immer strebte er jenen Geschöpfen nach, die ihn erobern zu wollen schienen. Und die Braunhaarige in dem knappen und goldschimmernden Einteiler schien eines davon zu sein. Zwar sah es so aus, als räkele sie sich im Schaum der Brandung aus purer Genußsucht – doch Blicke zu ihm, der im Liegestuhl nicht mehr lag, sondern saß, um besser sehen zu können, warf sie dennoch, und dies aus zwei Augen, die ihm wie die einer Katze erschienen, die gestreichelt werden wollte.

Michael legte sich nicht neben sie in die Brandung, er wartete den Lauf der Dinge in seinem Liegestuhl ab, zumal seine Badehose endlich trocken zu werden begann. Er schaute nur. Schaute auf eine braune Mähne, von der Wasser troff, auf Arme und Beine, die nach jeder Welle aufleuchteten, als seien sie eingeölt worden, auf einen Badeanzug, der golden blitzte, sobald die Welle zurückgelaufen war, schaute in grüngelbe Augen. Eine Schönheitskönigin war sie nicht, dazu war sie zu alt, Michael schätzte sie auf Ende dreißig, doch die Bewegungen ihrer Glieder schienen ihm im Schaum der Brandung etwas zu signalisieren. Es waren keine naiven Bewegungen, sie waren – Michael fragte sich, ob er sich dies nur einbilden würde, verwarf aber die Frage – auf ihn gezielt wie die Blicke. Als sie sich vom Sandstrand-Teppich endlich erhoben hatte, und an ihm vorübergestelzt war, ohne ihn anzusehen, empfand er dies als ein zweites und vielleicht letztes Signal. Er sprang von seinem Liegestuhl auf und folgte ihr ins kreisrunde Düsenbad. Er beobachtete hohe Beine und einen steilen Gang, sah auch auf einen Hinterkopf mit braunen Haaren, die geschüttelt wurden und aus denen Tropfen bis auf seine Brust flogen. Dann war sie im Wasser und schwamm. Er schwamm hinterher, sah bei der dritten Düse endlich wieder in die Augen einer sanftpfotigen Katze. Zumindest schätzte er die Gefühle derer, die sich da düsen ließ, so ein. Während eine hellbraune Schulter den Düsenstrahl zur Fontäne werden ließ, las er in zwei Augen Genugtuung darüber, daß er gefolgt war, las in ihnen aber auch eine – gemessen an der Weltgeschichte – alltägliche Frage, die er in diesem Falle aber nicht für alltäglich hielt.

Er lächelte zurück, mehr wagte er noch nicht. Er ließ Wasser in den Mund laufen wie sie, spie es aus wie sie und schwamm dabei vor der Düse drei wie einer herum, der auch einmal in den Genuß des harten, warmen Strahls kommen wollte. Bis sie sich temperamentvoll vom Beckenrand abstieß, wieder schwamm, Kurs auf die marmorne Treppe nahm und diese hinaufstieg. Michael folgte. Er sah wieder hohe Beine, auch die Quadranten eins bis drei auf der linken und die Quadranten eins bis drei auf der rechten Seite, die umspannt wurden von golden schimmerndem Lastex. Die Quadranten vier schwellten dagegen auf jeder Seite sichtbar, frei und reizvoll, denn der Einteiler war knapp.

Er blieb hinter dem Gold, zwar mit fünf Schritten Abstand, den er als respektvoll genug empfand, aber er folgte einem braunen Hinterkopf. Diesmal zu einem der Whirl-Pools, die unter freiem Himmel standen und die von außen wie hölzerne Bottiche aussahen. Die Goldbedeckte steuerte einen unbesetzten Pool an, stieg das äußere Treppchen hinauf, das innere hinunter, worauf das blaue und vierzig Grad heiße Wasser auch schon zu brodeln und zu schäumen begann. Und Michael wagte es:

»Gestatten Sie?«

»Gern ...!«

Er nahm das gleiche Treppchen, setzte sich ihr gegenüber auf die Plastikbank, spürte heiße Wasserstrahlen rings um seinen Körper und ließ sich hinabsinken wie sie, so tief, bis die nach Tannennadeln duftenden Schaumbläschen vor seinem Mund zerplatzten. Daneben gab es Schaumberge, die beider Köpfe überragten.

»Schöner als in der Badewanne! Gell?« meinte die Braunhaarige.

»Überhaupt kein Vergleich!« antwortete Michael und spürte an seinem Knie, denn der Durchmesser des Pools war begrenzt, tastende Zehen. Worauf er seinen rechten Fuß ebenfalls auf Erkundungsgang gehen ließ und der festen Überzeugung war, einen Frauenschenkel getroffen zu haben. Elektrisiert zog er seinen Fuß zurück:

»Bitte entschuldigen Sie!«

Die Braunhaarige lachte: »Das kann in einem Waschtrog schon passieren!«

Bedeckt von dichtem Schaum spielten vier Beine miteinander. Die Braunhaarige sagte »Herrlich!« und

Michael »Wirklich schön!« Beide schoben Schaum zur Seite, um sich sehen zu können, wurden unter der Wasseroberfläche immer mutiger, während sie über der Wasseroberfläche Konversation trieben. Zuerst schwärmten sie vom warmen Wasser, meinten dann aber, daß es doch zu heiß sei, und stellten sich endlich vor:

»Wolf! ... Michael Wolf!«

»Welch schöner Name!« schmunzelte sie. »Aber ein Rotkäppchen bin ich nicht! Ich heiße Dagmar Eulich-Sturm ...«

So hatte es begonnen. In Heidelberg, wohin Michael noch am gleichen Tage eingeladen worden war, hatte sich dann herausgestellt, daß die braunhaarige Dagmar nicht nur einen goldfarbenen Einteiler ihr eigen nannte, sondern ein richtiger Goldfisch war. Nämlich die gerade geschiedene Frau eines Chefarztes der Chirurgie, der bei seiner hohen Intelligenz so dumm gewesen war, mit einer OP-Schwester ein Kind zu zeugen. Die rassige Dagmar hatte die Konsequenz gezogen und sich scheiden lassen – mit der Hälfte des Zugewinns aus fünfzehn Jahren Ehe: der Eigentumswohnung in einem Terrassenhaus gegenüber dem Heidelberger Schloß und mit fünf Zwei-Familien-Häusern in besten Lagen. Außerdem war der Ehebrüchige zu einer Unterhaltszahlung für sie und Tochter Stefanie von monatlich 5000 Mark verurteilt worden. Mit diesem Einkommen konnte sie auskommen. Nach seinen finanziellen Verhältnissen befragt, die Dagmar für wichtiger zu halten schien als die Frage, ob er verheiratet oder sonstwie gebunden sei, hatte Michael spontan zur Antwort gegeben, ein Anlagen-Berater zu sein, was auf seine Gastgeberin keinen sehr großen, aber immerhin doch Eindruck gemacht hatte. Erst danach war es zu Zärtlichkeiten gekommen, bei denen Frau Dagmar Eulich-Sturm ihrem Mädchennamen alle Ehre gemacht hatte.

Michael flog in Julias Jaguar am MIRAMAR vorbei, dessen schmutzig-gelbe Kunststoffkuppel von der Autobahn aus erkennbar war, fühlte mit seiner rechten Hand, daß er die Tafel ›Herrenbitter‹ restlos vertilgt hatte, fuhr wenig später am Ortsschild ›Heidelberg‹ vorbei und nahm Kurs auf den Hauptbahnhof, wo er ein Blumengesteck erstand, das andere Männer, wenn überhaupt, ihrer Partnerin nur einmal im Jahr schenkten. Dann überquerte er auf der Bundesstraße drei den Neckar und fuhr stromaufwärts bis zu der weltberühmten Postkartenansicht mit dem Brükkentor und der Ruine des kurfürstlichen Schlosses unter dem Königsstuhl. Neben Dagmars Porsche gab es ein freies Plätzchen für seinen Jaguar, weil von ihm gemietet für achtzig Mark im Monat, obgleich es sich nur um zehn Quadratmeter Verbundpflaster unter freiem Himmel handelte, welche Aufwendung außer den Blumengestecken in Heidelberg allerdings auch seine einzigen waren.

Wieder spürte er, wie immer, wenn es in eine neue Runde ging, sein Herz bummern. Aber die Angstgefühle waren unbegründet. Denn er wurde empfangen von Stefanie, die, wenn sie nicht erst vierzehn gewesen wäre, ihrer Mutter zum Verwechseln ähnlich sah. Sie hatte sogar die gleichen Katzenaugen.

»Da bist zu ja endlich!« trällerte der Teenager, entriß ihm das Blumengesteck, warf es achtlos auf ein

Schränkchen der großen Diele, hauchte auf seine Wange einen Kuß und hielt ihre hin, auf der sich Michael revanchierte.

»Wieso bist du zu Haus? Warum nicht in der Schule?« fragte er, und dies nicht aus pädagogischer Pflicht, sondern aus Sorge darüber, daß er heute bereits schon am Vormittag nicht mit Dagmar allein sein konnte.

»Wir haben Wandertag, aber ich bin doch nicht blöd!« hörte er und sah Dagmar, gehüllt in Leder, in die Diele kommen. Immer trägt sie Leder, dachte er, mal schwarzes, mal rotes, mal, wie heute, grünes – Leder, das glänzte und das so dünn war, die kleinste Kurve zur Geltung zu bringen. Seine ›Herrenbitter‹ hatte er ja gegessen.

»Hallooo!«

»Hallo!«

In Gegenwart der Vierzehnjährigen gab es auch zwischen Dagmar und Michael nur Wangenküßchen, darauf die Predigt einer besorgten Mutter:

»Ja, sie schwänzt den Wandertag! Sie behauptet, nicht wandern zu können, weil sie ihre Mensis habe. Sie hat aber keine!«

»Mensch, werde ich hier kontrolliert!« schimpfte Stefanie. »Das ist ja hier der reinste Knast!« Sie wollte davonrennen.

Michael erfaßte noch einen Arm und riß sie zurück: »Knast ist etwas anderes, mein Fräulein! Glaub mir das! In deinem Alter hätte ich jeden Tag Halleluja gesungen, wenn ich so hätte leben können wie du!«

»Ja, sag es ihr!« triumphierte die Mutter. »Sie meint nämlich, in einem Armenhaus zu leben! Dabei hat sie alles, wovon andere Kinder nur träumen! Sie wohnt in der teuersten Wohnung von Heidelberg, sie hat Klamotten, für die ihr Schrank nicht mehr ausreicht, sie spielt Tennis und macht Jazz-Gymnastik, sie hat eine Stereo-Anlage und auch Video und ein eigenes Bad und noch ein Taschengeld von fünfzig Mark in jedem Monat!«

»Habt ihr beide zufälligerweise noch eine andere Platte drauf?« empörte sich Stefanie.

Michael mochte keinen Streit. Dort, wo er in der Woche dreimal für jeweils zwei Tage seine Ruhe haben wollte, waren ihm Zwistigkeiten zuwider. Weshalb er wieder zwei Fliegen mit einer Klappe zu schlagen meinte, als er in seine Jeans-Jacke griff: »Eine Platte nicht, aber eine Kassette!« Stefanies Augen wurden groß: »Peter Maffay! Wie bist du denn auf den gekommen? Mammi hat recht, du bist ein irrer Typ!«

»Das hier«, setzte er nach und griff in die andere Tasche seiner Jacke, »habe ich dir auch noch mitgebracht!« Stefanie riß die Papiertüte auf, als hätte sie keine Zeit, das Gebinde zu öffnen, wie es sich gehörte, machte in der Diele einen Luftsprung, jubelte »Spitze!« und schlug vor dem großen Spiegel den Glitzerschal auch schon um ihren Hals, um dann in ihr Zimmer zu rennen, worauf die Fenster einer Terrassenwohnung infolge eines Rocks zu vibrieren begannen. Die Mutter rannte in grünem Leder hinterher: »Leiser, verdammt noch mal!«

»Der Maffay hat nun mal eine große Kehle!« hörte Michael aus dem Kinderzimmer, hörte aber auch, daß die Lautstärke zurückgenommen wurde. Er hatte endlich Gelegenheit, derjenigen, die er eigentlich in der Hauptsache besuchte, heute den ersten richtigen Kuß zu geben, auch schwellendes Fleisch unter grünem Leder zu streicheln. Erst dann überreichte er das Gesteck.

»Herrlich! Ganz herrlich!« rief Dagmar und strahlte ihn mit gelb-grünen Augen an. »Micha, ich danke dir!«

»Ich hatte schon richtig Angst, daß Stefanie den Blumen etwas angetan haben könnte«, gab er zurück und kreiste mit einer Hand zärtlich über acht Quadranten.

»Aber du verwöhnst sie!« antwortete Dagmar, zog ihn in die Wohnhalle mit der Postkartenansicht, befreite das Gesteck von Cellophan und stellte es auf einen Untersetzer, der auf den Schmuck schon gewartet zu haben schien, zupfte hier etwas Grün, dort eine Blüte und sah ihn wieder an. »Deine Blumen sind herrlich wie immer ... ich wiederhole mich, ich weiß, aber du verwöhnst sie!«

»Weil ich finde«, entgegnete Michael, »daß fünfzig Mark Taschengeld zu wenig sind für eine Vierzehnjährige. Jeder Monat, Schatz, hat mindestens fünfundzwanzig Schultage, und wenn sie nur an jedem Tag ein Eis für zwei Mark schleckt, kann sie sich noch nicht einmal einen Bleistift kaufen ...«

»Die Bleistifte und Füllhalter und alle Hefte und alle Bücher bezahle ich!« empörte sich Dagmar. »Und ich, mein lieber Micha, war in ihrem Alter glücklich, wenn ich in jeder Woche einmal ein Eis für zwanzig Pfennige lecken durfte. Mehr war in meinem Elternhaus nicht drin!«

»Schatz, ich glaube dir«, wagte er einzuwenden,

»doch Stefanies Vater ist ein Professor Doktor Eulich…«
»Über die Erziehung meiner Tochter bestimme ich!« beendete Dagmar den Disput.
Michael verstand das Machtwort und war sich nicht mehr so sicher, zwei Fliegen mit einer Klappe geschlagen zu haben. Immerhin hatte er noch etwas in Reserve. Er rannte in die Diele, griff seine Handtasche, rannte zurück in die Halle, riß die Tasche auf und überreichte einer Dame in grünem Lederanzug, die gerade dabei war, mit beiden Händen nervös braune Haare zu ordnen, einen Scheck über 1220 Mark.
»Was soll das?« Dagmar schien verstört. »Wozu der Scheck?«
»Ich bin ihn dir schuldig.«
»Wofür?«
Michael hob für wenige Sekunden braune Haare in die Höhe, küßte einen Nacken, der den Duft eines reizvollen Parfums aussandte, und setzte sich befriedigt in einen Sessel, von dem er sowohl die Aussicht auf eine sprachlose Dame als auch eine Postkartenansicht mit dem Heidelberger Schloß genießen konnte.
»Vor genau einem Monat, mein Schatz«, erklärte er, »wurdest du von einem gewissen Spieltrieb erfaßt. Du fragtest mich wieder einmal aus, was ich so tue, und ich erzählte dir von den Freuden und Leiden eines Anlagen-Beraters, auch von Termingeschäften mit Dingen, die Menschen so brauchen in ihrem Leben wie Weizen und Erdöl oder Kupfer, Silber oder Wolfram …«
»Ich erinnere mich! Natürlich erinnere ich mich!« rief

Dagmar, und ihre Stimme war in diesem Falle noch etwas lauter als die von Peter Maffay aus der Teenager-Klause. »Ich entschied mich für Nickel und gab dir eintausend Mark!«
»Deine Entscheidung für Nickel war Gold wert!« nickte er und überlegte, wofür er den Tausend-Mark-Schein eigentlich ausgegeben hatte. Denn vor einem Monat hatte er natürlich kein Termingeschäft über Nickel abgeschlossen. Eigentlich wußte er noch nicht einmal, wie man das macht. Doch im tiefen Knautschsessel aus schwarzem Leder spielte er den Kenner: »Zwar hatte ich größte Schwierigkeiten, einen so ... bitte entschuldige! ... winzigen Betrag in einem Termingeschäft unterzubringen, aber gestern war der Cash ... Nickel wurde sagenhaft höher notiert, und aus deinen eintausend wurden eintausendzweihundertzwanzig.«
Die Dame in Grün knallte sich in den Sessel ihm gegenüber. »Das kann doch nicht wahr sein!«
»Warum nicht?« fragte Michael und dachte dankbar an einen Kollegen, der als Vertreter ebenfalls Druckpapiere zu verkaufen versucht, nebenbei aber auch einen ganz kleinen Finger an der Börse hatte mitspielen lassen, und von dem er in die Sitten und Gebräuche von Irrsinnigen eingeweiht worden war, die sich – so der Kollege – von wirklich Irrsinnigen nur dadurch unterschieden, daß sie mittags um vierzehn Uhr Feierabend machten.
»Micha! Zweihundertzwanzig Mark für eintausend in einem Monat, das kann es nicht geben! Das wären zweiundzwanzig Prozent pro Monat und pro anno...«, Dagmar sprang auf, lief ins Nebenzimmer zu

einem Sekretär aus dem 18. Jahrhundert, kam zurück mit einem Taschenrechner, den sie Stefanie wegen miserabler Mathematik-Noten in einem Geheimfach vorzuenthalten versuchte, tippte, doch Michael kam ihr zuvor:

»Zweihundertvierundsechzig Prozent!«

»Ja, du hast recht! Ich bewundere deine Rechenkunst!« staunte sie.

»Niemals habe ich das erwartet, als ich dir die tausend Mark gab, niemals! Da steige ich höher ein! Da steige ich ein mit hunderttausend!«

Michael wurde es schwindelig. Hunderttausend Mark! Was alles konnte man damit tun! Bestimmt nicht nur Blumengestecke kaufen oder Musikkassetten oder Glitzerschals. Hunderttausend Mark, nicht von ihm gefordert, sondern ihm aufgedrängt, damit daraus im nächsten Monat 122 000 wurden oder ein einem Jahr ... die Zahlen in seinem Gehirn wurden astronomisch, wurden so hoch, daß er sich wachgerüttelt fühlte. Immerhin gab es Grenzen.

»Ich würde es erst einmal mit dem Zehnfachen versuchen, nicht gleich mit dem Hundertfachen!« sagte er, kratzte dabei seinen Hinterkopf und dies wirklich nicht gespielt. »Vor allem nicht wieder mit Nickel!«

»Warum nicht mit Nickel?«

»Weil Nickel ab heute schon wieder fällt!«

Es war reine Erfindung, die Michael da von sich gab, er hatte keine Ahnung, wie in diesen Tagen Nickel auf dem Weltmarkt gehandelt wurde, er fürchtete nur, nochmals zweiundzwanzig Prozent bezahlen zu müssen, und sah aufatmend in Augen, die Dankbarkeit ausstrahlten.

»Mein Gott, war das ein Glücksfall, dich kennengelernt zu haben, denn ohne dich würde ich Geld verlieren, statt gewinnen ...«, seufzte sie und hob ein schwarz bestrumpftes Bein mit grüner Sandalette, was Michael als Aufforderung empfand, seinen weißen Jogging-Schuh dagegenzustemmen, »... deine Annäherungsversuche im Whirl-Pool von MIRAMAR waren zwar eine einzige Frechheit...«
»Angefangen hast du!« widersprach er.
»Ich? Ich habe nur dein Knie berührt, du aber etwas ganz anderes! Doch zur Sache! Nickel also nicht ... was dann? Zu was kannst du mir raten?«
»Vielleicht versuchst du es mal mit edleren Metallen...«
»Gold?« fragte sie und ließ den Fuß sinken, um dafür den Oberkörper emporzurecken.
»Gold auf keinen Fall! Im Handel mit Gold hat sich schon mancher das Genick gebrochen!« erklärte er und war überzeugt, etwas gesagt zu haben, dem auch ein Banker nur zustimmen konnte. Außerdem war er darauf bedacht, auch beim zweiten Geschäft mit Dagmar kleine Brötchen zu backen. »Ich dachte eher an Zinn oder Wolfram oder Kupfer ...«
»Was ist an Kupfer denn edel?«
»Es rostet nicht, mein Schatz! Im übrigen wird es trotz Glasfaserkabel noch gebraucht! Aber .... vielleicht ...«, er legte eine Pause ein, als müsse er überlegen, »wäre in den nächsten Wochen in Silber etwas drin ...«
»Einverstanden!« Dagmar glich einer Sprungfeder, so schnell stand sie auf dem Teppich. »Silber für zwanzigtausend Mark und auf acht Wochen!«

Michael stand ebenso: »Die Frist der Anlage müßtest du mir überlassen!«
»Warum?«
»Weil ich unfähig bin, das hier und heute in Heidelberg zu überblicken! Niedriger solltest du auch spielen! Warum gleich zwanzigtausend?«
»Weil mein Geld einmal anständig arbeiten soll!«
»Du könntest auch Geld verlieren!«
»Mit deinem Sachverstand nicht!« lächelte sie, blickte ihn an mit sanften Katzenaugen, die sich verengten, und stand urplötzlich so nah vor ihm, daß er ihren Atem an seinem Kinn fühlte. Er roch das Parfüm und das Leder, er roch Weib. Es war wie vor der ersten Nacht, die auf MIRAMAR gefolgt war. Er griff zu, worauf sich zwei Arme in grünem Leder um seinen Hals legten und er vor seinem Ohr eine heisere Stimme hörte: »Mein Gott, hatte ich nach einer Woche wieder Sehnsucht ...!«
»Ich auch!« raunte er ins Gegenohr. »Können wir das Kind nicht mal wegschicken?«
»Wohin denn? Stefanie ist doch nicht dumm!«
»In irgendeine Disco ...« hauchte Michael und küßte einen Hals.
»Mittags um zwölf?«
»Ja, da ist wohl noch keine offen ... Aber hat sie denn keine Freundinnen?«
»Schon ... aber die wandern!« hörte er und spürte, daß sich ein Leib gegen das preßte, was sich gerade frei entfalten wollte. Dagmar Eulich-Sturm schien über das, was sie spürte, in keiner Weise entsetzt zu sein. Ihr Geschiedener war Mediziner und sie ebenso frivol:

»Gelobt sei, was hart wird!« hörte Michael in sein Ohr geflüstert. »Dafür darf es heute abend auch staunen!«
»Staunt es doch immer ...«, flüsterte Michael zurück.
»Heute bestimmt mehr«, hörte Michael in seinem Ohr, »wo andere Frauen gelockt sind, bin ich endlich wieder blank ...«
»Blank?« Michael kam nicht ganz mit.
»Es gibt kein einziges Härchen mehr«, raunte sie und umklammerte mit beiden Schenkeln sein Bein, »selbst du wirst staunen...!«
Michael staunte schon jetzt. Er hatte begriffen. Die Vorstellung dessen, was ihn erwartete, machte ihn endgültig lüstern. Seine Fingerspitzen, die auf acht Quadranten drückten, gruben sich tiefer ein in grünes Leder und preßten einen Leib, so weit das überhaupt ging, noch mehr an sich.
Dennoch hatte er eine Frage:
»Wieso endlich wieder?«
»Professor Eulich verordnete es mir«, hörte Michael geflüstert, »er verabscheute Haare in der Suppe, und als ich die Haare aus Bequemlichkeit einmal wachsen ließ, nahm er sich die OP-Schwester, die darin sicher mehr Übung hatte ... aber ich will nicht auch den zweiten Mann verlieren ... deshalb tat ich es gestern...«
Michael fühlte eine Zunge zwischen seinen Zähnen und zwei Arme um seinen Nacken, die ihn fast zu Fall kommen ließen, und wurde ebenso stürmisch: »Darf ich das mal fühlen?«
Dagmar löste sich von ihm, nestelte am Verschluß der grünen Lederhose, doch da brach Peter Maffays

Stimme ab, knallte darauf auch gleich eine Tür, und in der Wohnhalle eines Terrassenhauses gegenüber dem Heidelberger Schloß zog Hektik ein. Michael warf sich in einen Sessel, schlug die Beine übereinander und zupfte am Zipfel seiner Jacke, damit diese etwas verdeckte, was nicht entdeckt zu werden brauchte, während sich die Dame des Hauses in das weit entfernte Sofa plumpsen ließ und ein Gesicht aufsetzte, als würde sie sich langweilen.

Dann war Stefanie mit glitzerndem Schal auch schon da: »Gibt's bei euch was Neues? Ich habe Hunger!«

Michael sah in die Katzenaugen eines Mädchens und in die einer Frau, dann wieder auf das Mädchen, fühlte zu seiner Erleichterung, daß der spontane Auftritt der Vierzehnjährigen das Harte an ihm weich werden ließ, und nahm, weil ihm nichts anderes übrig blieb, teil an der Beratung der Familie. Die damit endete, daß der neue Mann, der seit acht Wochen zu dieser Familie gehörte, dazu verurteilt wurde, die Familie zu sättigen. Mit Lendensteaks, Weißbrot und Rotwein für zwei Personen und mit einem Schnitzel, Pommes frites und Orangensaft für die dritte.

Für Michael war das nichts Neues. Er kochte in Heidelberg und kochte bei Marion in Darmstadt. Nur bei Julia in Mainz hatte er noch nie in der Küche gestanden, obgleich er dort als Chef-Steward der Lufthansa eigentlich an den Herd gehörte. Über welchen Widerspruch er noch nachsann, als Dagmar den Tisch in der Eßecke deckte, Stefanie ihm eine bunte Party-Schürze zuwarf und er das Fleisch begutachtete, das er als erstklassig einstufte. Er kümmerte sich um die

Steaks und das Schnitzel, Stefanie um die Friteuse, Dagmar um die Servietten und den Beaujolais Primeur.
»Wie im feinsten Hotel!« lächelte die Dame des Hauses, als sie den ersten Bissen des noch blutigen Steaks geschluckt hatte. Stefanie rief ›Klasse!‹ und schaufelte Pommes frites in sich hinein, während Michael auf seinem Jogging-Schuh eine Sandale klopfen fühlte und »Wie bin ich froh, daß es euch schmeckt!« antwortete.
Es knisterte.
Seine Phantasie schäumte über. Dagmar war ›blank‹! Wie mochte das aussehen? Wie erst sich anfühlen? Er sah in gelb-grüne Augen, in denen Verlangen stand, kaute zarte Lende, rückte mit seinem Stuhl noch etwas näher an den Tisch, um mit zwei Turnschuhen eine Sandale in die Zange nehmen zu können – worauf es in den Augen ihm gegenüber blitzte –, und wünschte Stefanie weit fort.
Doch die Weggewünschte blieb. Erst als sie das Geschirr in den Spülautomaten stellte und er mit der Mutter endlich wieder anderthalb Minuten allein war, konnte er zur Sache kommen:
»Könnten wir nicht mal auskneifen? In irgendein Hotel?«
»In Heidelberg auf keinen Fall!« war Dagmars Antwort, als sie das Glas Primeur abgesetzt hatte. »Aber wir könnten in einer halben Stunde im MARITIM in Darmstadt sein ...«
»Da?« Michael spürte einen Tropfen Beaujolais in seiner Luftröhre und mußte husten.
»Das sind nur sechzig Kilometer!« versuchte sie ihn

zu überzeugen. »Und das Hotel MARITIM liegt direkt an der Autobahn-Ausfahrt, gleich neben dem Hauptbahnhof!«
»Eben! Da haben wir doch keine Ruhe! Da donnert doch in jeder zweiten Minute ein Zug unter uns durch!«
»Mich würde das nicht stören! Aber ich nehme natürlich Rücksicht auf deine Sensibilität ... was anderes bleibt mir übrig? Auch in Heidelberg wird es mal Nacht werden ... und wer warten muß, der steht nicht nur im Stau, bei dem staut sich auch etwas an ... keine schlechte Aussicht für mich!«
Michael sah in die Augen einer, wie er meinte, heißen Katze und löste die Zange seiner Füße um eine Sandalette, streichelte die Sandalette nur noch mit Jogging-Sohlen. Denn da war wieder Stefanie: »Und was machen wir jetzt?«
»Wir gehen spazieren!« rief die Mutter. »Das ist sicher kein Ersatz für deinen Wandertag, aber es wird dir guttun nach deinen Bergen von Pommes frites!«
Zum Entsetzen Dagmars und Michaels empörte sich die Vierzehnjährige nicht, sondern nahm die Einladung an. Im milden Schein einer spätsommerlichen Nachmittagssonne, welche die Schloß-Ruine rostrot aufleuchten ließ, spazierte die Wahl-Familie über den Neckar in die Innenstadt Heidelbergs hinein, Michael in der Mitte, Dagmar zu seiner Rechten und Stefanie zur Linken. Sie umrundeten die Heilig-Geist-Kirche, setzten sich in ein Straßen-Café, vertilgten angesichts gotischer Pfeiler Pistazien-Eis mit Sahne und mischten sich in die Fußgängerfluten der Fußgängerzone. Michael fühlte, daß sein fleischliches Verlangen

nachließ, und meinte, wenn er nach rechts sah, zu erkennen, daß es im Augenblick auch bei Dagmar nicht groß war. Er fühlte sich nur noch als Oberhaupt einer Familie, zumal sich beide Damen bei ihm einhakten, um vom Gegenstrom der Heidelberger Müßiggänger nicht von ihm getrennt zu werden. Eigentlich konnte man damit leben, dachte er, wenn er die neidvollen Blicke entgegenkommender Männer auf Dagmar und Stefanie registrierte und die bewundernden der weiblichen Passanten auf ihn. Das war doch was, ein Familienvater zu sein! Die Nacht, in der das Kind zu seiner Linken endlich schnarchte, würde, Dagmar hatte recht, auch über Heidelberg einmal hereinbrechen. Was brauchte er mehr? Michael Wolf war nahe daran, seine Mitte zu finden, aber auch nur nahe. Denn er stellte sich auch vor, mit nur einer Frau, in diesem Falle der katzenäugigen Dagmar, verheiratet zu sein. Was wurde dann aus Marion in Darmstadt? Was erst mit Julia in Mainz?

Michael streichelte rechts einen Arm und links einen und ließ sich zusammen mit Dagmar dazu verführen, das Kurfürstliche Museum zu besuchen, in dessen Keller, wie Stefanie temperamentvoll und auch glaubhaft versicherte, ein Unterkiefer des ›homo heidelbergensis‹ zu besichtigen sei. Dagmar hatte davon schon gehört, Michael ebenso, beide spazierten ohne Ziel, um die Zeit bis zur Nacht totzuschlagen – warum nicht mit dem Ziel eines alten Knochens in einem Keller? Also stieg die Wahl-Familie nach Entrichtung eines lächerlichen Eintrittsgeldes, das Michael plus Trinkgeld auf den Teller legte, hinab in den Untergrund eines Museums und betrachtete die hinter

Panzerglas liegende originalgetreue Kopie eines 250 000 Jahre alten Unterkiefers, erklärt von Stefanie, die ihren Text, was Mutter und Freund nicht bemerkten, mal stockend und mal fließend von einer Tafel ablas.

Michael staunte und Dagmar noch mehr: »Was du alles weißt! Mein Kompliment!«

Doch dann gestanden sich alle drei gegenseitig ein, etwas fußmüde zu sein, stiegen wieder auf die Heidelberger Oberfläche und fielen in eine Konditorei ein mit Palmen und bunten Sonnenschirmen, wo sie sich in weiße Kunststoffsessel fallen ließen und Kuchen und Kaffee und nochmals Sahne bestellten. Doch bevor die leckeren Sachen kamen, mußte Stefanie endlich mal in der Toilette verschwinden, worüber die Erwachsenen sehr froh, weil endlich unter sich waren.

»Warum, Micha«, begann Dagmar, »kommst du eigentlich nie an einem Wochenende?«

»Weil ich für die Brötchen, die ich verdiene, auch etwas tun muß!« antwortete er. »Ich glaube, dir das schon mal gesagt zu haben ...«

»Was?«

»Daß ein Anlagen-Berater gerade an den Wochenenden die meisten Kunden-Kontakte hat. Weil Leute, die in der Woche arbeiten, nur am Sonntag Zeit haben, ihr Geld arbeiten zu lassen!«

»Ja, ich erinnere mich! Bitte entschuldige!« lächelte sie, riß ihre Handtasche auf, wühlte darin herum und schrieb einen Scheck aus auf – Michael sah nicht hin, sah es aber trotzdem – seinen Namen und über zehntausend Mark.

»Was tust du da, mein Schatz?« fragte er, nachdem Dagmar ihre Unterschrift gepinselt hatte.
»Einen Vertrag erfüllen! Einen Vertrag über ein Termingeschäft in Silber! Die Frist überlasse ich dir ...«
»Und wenn das Geschäft mal danebengeht? Wenn du nicht wie bei Nickel einen Gewinn von zweihundertzwanzig Mark machst, sondern bei Silber einen Verlust von zwei- oder dreitausend?«
»Ich wollte einsteigen mit zwanzig! Du hast mich gewarnt, und ich spiele nur mit zehn. Ich werde den Verlust verkraften, glaub mir das, im übrigen vertraue ich dir!«
Die Bedienung erschien. Mit großem Tablett. Dagmar räumte ihre Handtasche vom Tisch, Michael den Scheck. Er hatte widersprechen wollen. Doch in Gegenwart der Weißgeschürzten ging das nicht, erst recht nicht in Gegenwart Stefanies, die, immer noch an ihren Jeans zupfend, auch wieder da war.
Danach labten sich eine Dame, ein Herr und eine Minderjährige an erlesenen Confiserie-Creationen, schenkten sich in dem Gefühl, dem anderen etwas Gutes tun zu müssen, gegenseitig den Rest ihrer Kaffee-Kännchen ein, zahlten dann, welche Aufgabe Michael erfüllte, und schlenderten, wieder eingehakt, zurück in Richtung Heilig-Geist-Kirche. Es war ein Bild der Harmonie.
Bis Stefanie die beiden anderen zwang, vor einem fliegenden Händler stehenzubleiben. Der Langhaarige bot gezackte Halsringe dar, die silbern glänzten und deren Enden verbunden waren mit einer Art Gummiband.
»Was willst du denn damit?« schimpfte die Mutter.

»Die sind doch super!« tönte der Teenager.
»Such dir einen aus!« besänftigte Michael. Der Preis für einen Halsring war so niedrig, daß er das Geld auch ohne den Tausch von zwei Schecks aus dem Ärmel hätte schütteln können.
Doch das Schmuckstück ließ die von ihm nicht nur vorgetäuscht ersehnte Nacht mit Dagmar zu einem unerfüllbaren Traum werden. Denn zu Haus angekommen, wollte Stefanie den Schnickschnack natürlich anlegen, zog ihn über den Kopf, ließ viel zu früh los – und eine Zacke des Halsringes knallte, beschleunigt von dem Gummiband, in ihr rechtes Auge. Zuerst sagte sie nur »Aua!«, bewunderte ihren geschmückten Hals, der, wie sie meinte, jetzt viel schicker aussah als mit dem Schal, half sogar noch beim Decken des Abendbrot-Tisches, zwinkerte dabei aber schon mit den Augen und gestand, als ihre Mammi gerade zu essen anfangen wollte, daß sie Schmerzen habe und daß sie, wenn sie das linke Auge zukneife, nur einen roten Nebel sehe.
Dagmar sprang auf: »Was sagst du da?«
»Mammi, ich sehe nur was Rotes ... dich nicht!«
Die Mutter zog die Lider ihrer Tochter unter deren Protest nach unten und nach oben: »Dieser Scheiß-Halsring! Micha, sieh dir das an!«
Michael tat es. Stefanies Auge war nicht mehr das einer Katze. Die Pupille war nicht schwarz, sondern schimmerte rot.
»Wir müssen sofort zur Augen-Klinik in Mainz!« rief die Mutter.
»Wieso nach Mainz?« entsetzte sich Michael. »Die Heidelberger Universität ist, so viel ich weiß, die älte-

ste von Deutschland, hier muß es doch auch eine Augenklinik geben!«
»Mein Mann ist ein unmöglicher Ehepartner, aber ein hervorragender Arzt«, antwortete Dagmar, »und ich weiß von ihm, daß es in weitem Umkreis nur zwei Augen-Kliniken gibt, die etwas taugen, nämlich Mannheim und Mainz ...«
»Dann fahren wir nach Mannheim! Das ist näher!« ergriff Michael den Rettungsanker.
»Wir müssen nach Mainz!«
»Warum?«
»Weil Herr Professor Dr. Dr. Wolfgang Eulich, der im Falle seiner Tochter vielleicht noch mal gebraucht wird, keine Verbindungen zu Mannheim, aber sehr starke zu Mainz unterhält! Wir müssen nach Mainz! In deinem Jaguar! Da ist hinten mehr Platz für Stefanie als in meinem kleinen Porsche!«
Michael Wolf stand vor einer Schicksalsfrage. Wie viele weiße Jaguars gab es in Mainz? Wenn er Julia glauben konnte, und das mußte er wohl, gab es nur einen. Was aber, wenn Julia diesen einen vor ihren Fenstern vorbeiflitzen sehen würde? Er war doch längst in Bombay!
»Wieso überlegst du noch? Es geht um das Augenlicht meiner Tochter!«
Michael fügte sich. Mochte Julia doch bemerken, was sie wollte. Das Auge einer Vierzehnjährigen hatte auch seinen Wert.
Neben Dagmar und vor der hinten liegenden Stefanie, die über immer stärker werdende Schmerzen klagte, brauste er über die Autobahn nach Mainz, fuhr, die Lichthupe drückend, nur links, flog über die

Rheinbrücke, war – weit entfernt von Julias Wohnung – am Mainzer Hauptbahnhof und ließ sich von weißen Schildern zur Universitäts-Klinik leiten.
Die Nacht wurde lang.
Der Augenarzt vom Nachtdienst stellte fest, daß Stefanies Hornhaut unverletzt war, auch Linse und Netzhaut. Nur die Iris habe etwas abbekommen und das Blutgerinnsel hinter der Hornhaut produziert, weshalb am nächsten Morgen operiert werden müsse. Denn das Blut müsse fortgespült werden und die Patientin sofort auf Station, wo sie acht bis zehn Tage werde bleiben müssen.
Stefanie wurde untergebracht in Abteilung ›Augen zwei‹ des Klinikums der Johannes-Gutenberg-Universität und gegen Mitternacht gebettet von einer lächelnden Nachtschwester, die, wie Michael meinte, aus Korea stammen mußte.
»Stefanie braucht Schlafanzüge, Zahnbürste, Schlüpfer, Hausschuhe und und und!« flüsterte Dagmar.
Es ging zurück nach Heidelberg, wo Dagmar einen Koffer packte, dann wieder nach Mainz.
Stefanie schlief, am Infusions-Tropf hängend.
»Nicht wecken!« raunte die Koreanerin. »Geben Sie mir den Koffer und fahren Sie wieder!«
Als sie in dieser Nacht zum zweiten Mal in Heidelberg ankamen, war es vier Uhr. Dagmar wie Michael hatten nur das Verlangen zu schlafen und nicht den geringsten Trieb, das Abendessen nachzuholen, von anderen Trieben ganz zu schweigen.
Die sich sorgende Mutter war erst wieder ansprechbar, als sie gegen Mittag die Station ›Augen zwei‹ am Apparat hatte und als sie erfuhr, daß das Blut hinter

der Hornhaut nach einstündiger Operation restlos habe weggespült werden können, daß die Tochter aus der Narkose gerade aufgewacht sei, frühestens aber morgen, am Samstag, Besuch empfangen dürfe.
»Eine gute Nachricht«, meinte Michael im Schlafanzug und auf dem Weg ins Bad, »wenngleich ich sie heute gern noch mal gesehen hätte ... denn ich bin schuld!«
»Wieso bist du schuld?« entgegnete Dagmar und strich braune Haare, zerwühlt von unruhigem Schlaf, mit beiden Händen über die Ohren nach hinten. »Du hast nur gekauft, was sie sich gewünscht hat! Nein, nein! Stefanie ist operiert, das Blut ist weg, sie wird sehen können wie zuvor. Dies durch deinen Einsatz. Micha, ich danke dir!«

Kurz vor Schalterschluß an diesem Freitag ließ sich Michael Wolf in der Bank in Rüsselsheim einen Scheck über 10000 gutschreiben, ohne von seinem Konto etwas abzuheben. Bargeld hatte er noch. Dann war er in seinem Nauheimer Domizil und dachte, als er seinen Opel aus der Garage fuhr, damit Platz wurde für den weißen Jaguar, an die arme Stefanie, die jetzt in Mainz wahrscheinlich immer noch an einem Tropf hängend vor sich hindöste. Er schaute in den Briefkasten, in welchem außer Reklamesendungen nichts zu finden war, und zog sich um. Danach trug er, obgleich sein Wochenende bevorstand, keine Freizeitkleidung mehr, sondern eine dunkle Tuch-Hose, frisch geputzte schwarze Schuhe, ein korrekt gebügeltes Hemd mit Krawatte und darüber einen dezent gemusterten Sakko. Er ordnete einen schmalen und ledernen Diplomatenkoffer mit Papiermustern verschiedener Qualitäten, legte einen neuen Bestellblock hinein und nahm zwei Tafeln ›Herrenbitter‹ heraus. Schokolade brauchte er diesmal nicht, um seinen Mann zu stehen, denn in Heidelberg war er nur gereizt worden. Was er einzig brauchte, war eine frische Orchidee, die es in Nauheim aber zu kaufen gab.

Dann fuhr er mit seinem Opel nach Darmstadt.

Marion Melton kannte er seit etwa zehn Monaten. Sie war seine erste Kontaktperson gewesen, als er bei der RHEINISCHEN PAPIER-MÜHLE als Vertreter angefangen hatte, die erste deshalb, weil er in Nauheim das Darmstädter Branchenregister nach großen Druckereien durchsucht und schon beim dritten Buchstaben des Alphabetes, nämlich bei der CICERO-PRESSE, fündig geworden war.

Schon der Gebäude-Komplex hatte ihm imponiert, aus dem das typische Summen einer Rotation zu hören war, begleitet von hundert anderen Geräuschen, die auf einen Maschinenpark sondergleichen schließen ließen. Erst recht beeindruckt hatte ihn die Eingangshalle, in der er von einem freundlichen Mädchen hinter einem eichenen Tresen empfangen und über Teppichboden zum Vorzimmer des Inhabers gewiesen worden war. Wie armselig nahm sich dagegen die Klitsche der Hildegard May aus! Wo der Schreibtisch gleich neben der Offset-Maschine stand und das Papierlager, sofern das Wort ›Lager‹ für den winzigen Vorrat erlaubt war, hinter dem Heidelberger Zylinder. Wo der Zementfußboden übersät war mit Abfällen, die Inhaberin dauernd schwarze Finger hatte und sich verrenken mußte, wollte sie an ein Regal kommen. In den Büro-Trakt der CICERO-PRESSE hatte es dagegen noch nicht einmal nach Farbe gerochen.

Dann erst Frau Melton! Wie eine Präsidentin hatte sie im Vorzimmer gesessen und ihm mit ihren hellblauen Augen dennoch die Angst vor dem ersten Verkaufsgespräch genommen, ihn, weil ihr Chef Herr Otto Pottrich noch in einer Besprechung sei, sogar gefragt, ob sie ihm einen Kaffee machen dürfe.

Michael hatte bescheiden abgewehrt, denn er war nicht gekommen, um Kaffee zu trinken, sondern um einen Auftrag zu erhalten. Doch während sich der Alleininhaber der feinen und großen Druckerei immer noch mit einem anderen besprach, fühlte er sich von der feschen Frau Melton, die er Ende Dreißig schätzte, angestarrt und starrte zurück. Auf aschblonde Haare, die, wie Frau Melton sie auch schüttelte, immer so fielen, als sei sie gerade von Friseur gekommen, in, wenn sie sich umdrehte, hellblaue Augen, denen er zu gefallen schien, weshalb er sich, dabei über das Wetter redend, die Muße nahm, die ganze Chef-Sekretärin zu betrachten, ja sogar Brustansätze abzuschätzen, die Länge ihrer Beine und die Form der acht Quadranten, und zu der Feststellung gelangte, daß er bei der Firma CICERO-PRESSE bestens aufgehoben war. Was sich bei dem Gespräch mit Herrn Pottrich dann auch bestätigte. Michael Wolf erhielt einen Probeauftrag.

Drei Wochen später war er wieder da, erfuhr zu seinem Erstaunen, daß die Papiere der RHEINISCHEN PAPIER-MÜHLE so seien, wie er sie angepriesen habe, scherzte, weil er dies nicht nur aus geschäftlichen Gründen für fällig hielt mit einer immer noch charmanter werdenden Chef-Sekretärin, erhielt den ersten richtigen Auftrag und wurde, wiederum drei Wochen später, von Frau Melton mit der Frage konfrontiert, ob er Kinder habe.

»Nein!« antwortete er wahrheitsgetreu.

»Schade!« gestand Frau Melton. »Ich nämlich auch nicht!«

Sie präsentierte ihm einen der schönsten Kinder-Malblöcke, die er je gesehen hatte, einen riesigen Block mit Aufstellmechanismus und mit farbigen Filzstiften an jeder Seite.

Michael war nicht dumm. Er sah in dem wunderschönen Geschenk für eine Zehnjährige oder auch einen Zwölfjährigen nur einen Vorwand, ihn nach seiner gesamten Lebenssituation ausfragen zu können, und stellte mutig auch eine Frage. Ob Frau Melton für diesen Abend schon etwas vorhabe.

»Nein! Wieso?«

»Weil ich Sie ins Theater einladen wollte!«

Marion Melton hatte ja gesagt, der dritte Auftrag der CICERO-PRESSE war noch größer, er dagegen mit der Chef-Sekretärin in einem Boulevard-Theater gewesen, das den Lacherfolg ›Lauf doch nicht immer nackt herum!‹ aufgeführt hatte.

So hatte es angefangen mit Marion in Darmstadt.

Michael, vom Darmstädter Kreuz in die Stadt einbiegend, sah sie in Gedanken nach dem Theaterbesuch in ihrer Wohnung und mußte, obgleich er eine Kette von Lastwagen vor sich hatte, die zu überholen unmöglich war, schmunzeln.

Denn um zwei Uhr nachts hatte sie gemeint, daß die ach so progressiven Lustspiel-Autoren doch eigentlich prüde Großväter seien, denn sie habe keinen Einwand gegen seine Nacktheit vorzubringen, fände diese im Gegenteil höchst amüsant. Woraus er jedoch für sich keine überzogenen Hoffnungen ableiten dürfe. Denn zur Partnerschaft sage sie freudig ja, zur Ehe jedoch entschieden nein.
Die Schlange der LKW's blieb vor Michaels Opel bis zum Hauptbahnhof und bis zum Nobel-Hotel MARITIM, wohin ihn Dagmar hatte entführen wollen. Doch er verdrängte sogar Stefanie aus seinem Bewußtsein. Schließlich war er auf der Fahrt zu seinem Wochenende.
Aber Marion war noch nicht zu Haus. Der für ihren Golf reservierte Abstellplatz war leer. Es war nicht neu für ihn. Er wußte, daß ihr Chef die lästige Angewohnheit hatte, immer am Freitagabend kreativ zu werden mit Briefen, Terminplanungen und Dispositionen für die kommende Woche, seine Top-Sekretärin dafür allerdings auch überdurchschnittlich bezahlte. Es war jeden Freitag dasselbe, Michael war es gewohnt, und er hatte alle Schlüssel.
Zuerst suchte er eine Vase für die Orchidee, stellte sie in die Mitte des Eßtisches, band sich eine Schürze um, spülte Teller, Tassen und Bestecke, von denen manche älter sein mußten als drei Tage, blickte in den Kühlschrank – eingekauft hatte sie! – und richtete den Tisch für das Abendessen.
Dann war sie da. Abgeschlafft, aber voller Euphorie.
»Willkommen, mein Schatz!« rief er. »Gut siehst du aus!«

»Glaube ich nicht!« widersprach sie und schüttelte den Kopf, daß die aschblonden Haare flogen. »Heute hat mich Otto wieder genervt! Aber jetzt ist Feierabend und Wochenende.«

Sie warf ihre Handtasche auf das Schränkchen der Diele, war schon in der Küche, gab einen Pfiff der Anerkennung von sich, stürmte ins Wohnzimmer, pfiff nochmals, rückte die Vase mit der Orchidee zehn Zentimeter weiter nach links und ließ ihre hellblauen Augen strahlen: »Du bist ein Engel!«

»Wieso Engel?« empörte er sich kleinlaut, denn dieses Kosewort mochte er nicht, wenngleich ihm eine Erklärung dafür fehlte, weshalb er es nicht mochte.

»Ja, ja, du heißt Michael und hättest Anspruch auf die Anrede Erzengel ... Soll ich Erzengel zu dir sagen?«

»Dann müßte ich ja noch keuscher sein als ein einfacher!« antwortete er trocken und wurde sich bewußt, weshalb er den Kosenamen ›Engel‹ nicht leiden konnte.

Marion Melton lachte, lief in die Diele, kam zurück mit ihrer Handtasche und riß drei Blatt Papier heraus: »Werde nur nicht das, mein Lieber! Aber hier ist ein Auftrag! Lies ihn in Ruhe durch, in der Zwischenzeit putze ich mir die Nase!«

Michael las und hörte im Bad die Dusche rauschen. Echt Marion, dachte er. Sie übertrieb, wo sie konnte. Beim Erzengel wie beim Putzen der Nase. Aber der Auftrag, den sie einigermaßen lesbar auf drei Seiten hingekritzelt hatte, dieser Auftrag hatte es in sich. Sonst hatte sie ihm am Freitagabend immer eine Lappalie neben den Teller gelegt, einen Mini-Auftrag, aus dem zweihundert oder auch dreihundert Mark

Provision heraussprangen. Heute aber waren es zig Tonnen in Rollen und noch mehr Tonnen in plano, heute hielt er eine Sensation in den Händen, einen Auftrag, der ihm mindestens dreitausend Mark Provision einbringen mußte. Weshalb auch er in die Diele lief, um seine Handtasche zu holen, und, während im Bad die Dusche abgestellt wurde, einen Scheck für Frau Marion Melton über tausend Mark ausschrieb und den Scheck so unter den anderen Teller schob, daß er noch zu sehen war.

Damit war der Tisch gedeckt bis auf das Brot. Michael rannte in die Küche und schnitt es. Er hatte das Brotkörbchen gerade so plaziert, daß es für jeden erreichbar war, als er auch schon den zweiten Auftritt einer Dame erleben durfte, die es nach fünf hektischen Arbeitstagen als ihr Recht empfand, das Wochenende zu genießen.

Sie trug ein frisches Make-up und einen Hausmantel, der am Hals noch züchtiger verschlossen war als das Ordenskleid einer Nonne, seitlich jedoch einen Schlitz hatte, der vom Boden bis zur Hüfte reichte. Und Michael wurde sich bewußt, in dieser Woche seit Mittwoch keine Frau berührt zu haben. Der Hausmantel, den er noch nie gesehen hatte, brachte ihn trotz nicht genossener ›Herrenbitter‹-Schokolade in Stimmung.

»Hast du den Auftrag gelesen?« hörte er und antwortete, die drei Blätter über seinen Teller und sein Besteck ausbreitend: »Sicher! Aber da gibt es noch einige Fragen ...«

»Welche?«

Marion stand schon neben ihm, und Michael griff

durch einen Schlitz auf zwei Beine, die er so stramm und so nackt lange nicht mehr hatte fühlen können.

»Bei den acht Tonnen Kunstdruck plano siebzig mal einhundert Zentimeter, maschinengestrichen, fehlt das Gewicht ...«, flüsterte er und spürte das leichte Gewicht eines weiblichen Unterarms auf seiner Schulter, »bei den zwei Tonnen Buchdruck, holzfrei, fehlt das Volumen«, erklärte er weiter und strich über das Volumen von acht Quadranten, auf denen er nach einem Slip oder etwas Ähnlichem tastete, solches aber nicht fand, »und bei dem Umschlagkarton, büttenimitiert und zweihundert Gramm schwer, fehlt die Laufrichtung ...«, ergänzte er seine Kritik, obgleich unter einem Hausmantel die Laufrichtung seiner Hand eindeutig war – bis er nichts mehr sagte und Marion Melton auch nicht mehr schuldbewußt nickte. Das Abendessen fand eine halbe Stunde später statt.

Dann erst entdeckte Marion, wieder bekleidet bis zum Hals, den Scheck: »Hast du das hergelegt?«

»Ich glaube nicht, daß jemand anders in der Wohnung war!« antwortete Michael und bestrich uriges Bauernbrot mit Butter. Jetzt hatte er Hunger.

»Und wofür zahlst du mir tausend Mark?«

»Kostgeld, mein Schatz!« sagte er und schenkte Pilsener in zwei Gläser, daß es schäumte.

»Bisher gabst du mir im Monat dreihundert, womit ich echt zufrieden war ...«

»Du übertreibst«, antwortete er und nahm sich von der Aufschnittplatte eine doppelte Portion Schwarzwälder Schinken, »dreihundert können dir unmöglich reichen für das, was ich bei dir fresse!«

»Jetzt übertreibst du! Erstens ißt du immer sehr manierlich und zweitens an einem Wochenende ... ich habe das mal ausgerechnet ... allenfalls für dreißig Mark. Mal vier Wochen sind das erst einhundertzwanzig ...«

»Du vergißt das Bier!« entgegnete er, schluckte den ersten Bissen hinunter und hob sein Glas.

»Die paar Flaschen?«

»Außerdem wäscht du auch für mich ... Prost!«

Marion trank erst, bevor sie antwortete: »Was wasche ich denn? Erstens wasche nicht ich, sondern die Maschine, und zweitens läßt du an jedem Wochenende höchstens drei Slips und vielleicht zwei Hemden hier liegen ...«

»Schatz, du vergißt die Miete, den Strom und die Heizung!« Marion Melton ließ Messer und Gabel fallen: »Meinst du das ernst? Solche Partnerschaft hatte ich noch nie! Michael, du bist ein Traummann! Nein, du bist ein Engel. Das heißt, ich muß mich berichtigen, damit du dich nicht wieder empörst ... du bist ein Engel mit dem Schönsten, den es gibt! Guten Appetit!«

Dann schilderte die Chef-Sekretärin der CICERO-PRESSE die Arbeitswoche, die endlich hinter ihr lag, Michael kaute, trank und nahm Weißbrot mit Lachs, sie erzählte vom Buchdrucker-Meister Krampe, der immer noch, obgleich vom Betriebsrat in keiner Weise gedeckt, gegen Otto Pottrich, den Chef, revoltieren würde, räumte allerdings ein, daß manches, was Krampe vorbringe, irgendwie auch berechtigt sei, während sich Michael das zweite Glas Pilsener gönnte, sie beteuerte auf seine Zwischenfrage, nicht deshalb immer ›Otto‹ zu sagen, weil sie Otto Pottrich etwa duze oder sogar mit ihm schmuse, sondern weil der ganze Betrieb vom Kaufmännischen Betriebsleiter bis zum letzten Azubi nur immer von ›Otto‹ reden würden, sie selbst ihn aber wie alle anderen mit ›Herr Pottrich‹ anreden würde, sie kam auf den Anfang der Welt zu sprechen, nämlich auf den Tag, an dem sie sich bei der CICERO-PRESSE vorgestellt hatte, welche Geschichte Michael schon so gut kannte, daß er nur nickte und die vierte Scheibe Brot mit Butter bestrich. Sie erinnerte sich dann des Tages, an dem ein Michael Wolf zum ersten Mal in ihr Vorzimmer getreten sei, um Papier zu verkaufen, ihren Kaffee aber abgelehnt habe.

»Schatz! Dein Laden war die erste Druckerei, die ich anlief! Da kann man sich doch nicht gleich bewirten lassen!«

»Das habe ich inzwischen ja auch begriffen!« bestätigte sie und wählte Pumpernickel und Schweizer Emmentaler.

»Doch was mich mal echt interessieren würde, ist, was dir die Sekretärinnen anderer Druckereien so anbieten ...«

»Anbieten?«

»Ja! Die ganze Woche über rast du durch die Bundesrepublik, fährst du von Druckerei zu Druckerei ... da sprichst du doch nicht nur mit Einkäufern oder mit den Chefs! Da gibt es doch auch Vorzimmerdamen! Wie sehen sie aus, und was machen sie mit dir und was machst du mit ihnen?«

Michael hatte doppelt so viel wie Marion gegessen, aß trotzdem noch Käse, aber plötzlich schmeckte die-

ser Käse ranzig. Marions Frage hatte seinen Nerv getroffen. Weil die Druckerei CICERO-PRESSE die einzige war, die er als Papier-Vertreter auf Provisionsbasis hatte erobern können. Von Flensburg bis München, von Trier bis Kassel hatte er damals nur Klinken geputzt, war zuweilen auch rausgeworfen worden von hochnäsigen Damen, die, weil sie Sekretärinnen waren, geglaubt hatten, die gleiche Macht wie ihre Chefs zu haben, und hatte sich dann, weil er ohne fixes Gehalt nicht hatte leben können und der Not ebenso gehorchend wie seinen Trieben, auf Damen eingestellt, die ihn mit Macht erobern wollten.
»Warum schweigst du?«
»Ich denke darüber nach, wie sie aussehen ...«, murmelte er, den Mund voller Käse, »da gibt es blonde, braune und schwarzhaarige, da gibt es jüngere und ältere, hochgewachsene und kleine, manchmal richtig Mollige, dann aber auch wieder ... bitte entschuldige! ... noch schlankere als dich ...«
»Du bist ein ehrlicher Typ! Das schätze ich an dir! Und was stellen sie mit dir an?«
»Nichts ...«
»Aber du etwas mit ihnen!«
»Noch weniger ...«
»Das glaube ich einfach nicht!«
»Warum nicht? Gegen dich, mein Schatz, sind das alles dumme Gänse!«
Marion schüttelte aschblonde Haare, die dann so fielen, als seien sie gar nicht geschüttelt worden, und ihre Augen schienen ihn durchbohren zu wollen, blickten dann aber wieder sanft: »Unsere Partnerschaft scheint einmalig zu sein ...!«

Michael zuckte bescheiden die Schultern, schluckte den Rest Emmentaler hinunter, spülte nach mit Bier und glaubte auf ein anderes Thema kommen zu müssen:

»Hast du eine Ahnung, was gegenwärtig Silber kostet?«

»Silber? Weiß ich nicht. Wir setzen zu fünfzig Prozent immer noch mit Blei ...«

»Schade! Bist du schon mal geflogen?«

»Bin ich. Zusammen mit Otto nach Hamburg, weil da ein Riesenauftrag lockte. Mir gefiel der Flug, wir kriegten den Auftrag, und abends waren wir wieder in Rhein-Main ... doch warum fragst du das alles? Ich verstehe das nicht! Im übrigen muß ich abräumen, aber gespült wird erst morgen! Heute ist Feierabend ...«

Michael half ihr beim Abräumen. Er war bestürzt, daß auch sie schon einmal in einem Flugzeug über den Wolken gesessen hatte, allerdings auch darüber befriedigt, daß sie nicht spülen wollte und er dann abtrocknen mußte. Doch noch zufriedener war er, als beide in den Sesseln unter der Stehlampe saßen, Marion die Gläser hingestellt, er einen Sektkorken hatte knallen lassen und nach dem ersten Schluck erfuhr, daß, so wie die Dinge lagen, er in jedem Monat einen Auftrag wie heute erhalten könne, weil die CICERO-PRESSE alle anderen Lieferanten zugunsten der RHEINISCHEN PAPIER-MÜHLE habe fallenlassen, was auch ein klein wenig ihr – Marion Meltons – Verdienst sei, worauf sie ihren Sektkelch hob und noch einen Satz anhängte: »Du hast von den kommenden Aufträgen noch nichts gewußt, als du mir das neue Kostgeld auf den Tisch legtest ... Du bist toll! Prost!«

Michael ließ sein Glas an das andere klingen und trank ex. Jetzt schmeckte es ihm wieder. Die Aussichten, die sich da auftaten, waren atemberaubend. Bei dreitausend Mark Provision blieben ihm abzüglich Kostgeld in jedem Monat immer noch zweitausend – das war mehr, als er bisher als echten Verdienst hatte einstreichen können. Er lobte in seinen Gedanken den Tag, an dem er in der CICERO-PRESSE das Vorzimmer des Otto Pottrich betreten hatte, trank schon das dritte Glas Sekt mit einer Chef-Sekretärin, die ihm hochgeschlossen, aber mit aufregenden nackten Beinen gegenübersaß und nickte erfreut, als diese ihm erklärte, daß es ein heißer Wunsch von ihr sei, wenn er morgen zusammen mit ihr eine Cousine besuchen würde.

»Einen Smoking habe ich aber nicht!« scherzte er. »Nur einen Abendanzug, der hier irgendwo hängen muß!«

»Wir wollen doch nicht ins Festspielhaus von Bayreuth!« lachte sie. »Wir wollen nur zu meiner Cousine! Ein wenig bekleidet solltest du allerdings sein ... so wie jetzt, so, wie du da sitzt! Ein Klasse-Mann wie du braucht keinen Frack! Nur nicht das! Ich möchte ihr etwas anderes zeigen ...«

»Ihr?«

»Meiner Cousine! Seit vier oder fünf Wochen hat sie einen Freund, einen Traummann, wie sie trompetet, den sie mir aber, obgleich ich sie immer wieder einlade, nicht zeigt!«

»Vielleicht ist er nicht vorzeigbar«, schmunzelte Michael mit etwas Häme und schenkte nach, daß es wieder schäumte.

»Dabei soll er Chef-Steward bei der Lufthansa sein!«

»Bitte?« Michael saß in seinem Sessel wie eine Eins.

»Was ist das denn schon?« hörte er, setzte sein Glas ab und sah nur noch auf einen Mund, als könne er von Lippen ablesen, was noch gar nicht gesagt worden war, »Lufthansa und Steward! Glaubst du, daß der seine Einkünfte verzehnfachen kann wie du?«

»Ich verzehnfachen?«

»Bei der CICERO-PRESSE hast du das geschafft! Ich wette, bei anderen Druckereien ebenso!«

»Nein, Schatz, nein!« Es war der Hilferuf eines Ertrinkenden.

»Dann verdoppeln! Das reicht doch schon! Wie kann ein Steward sein Gehalt verdoppeln? Du aber kannst das! Du, meine Cousine und ich, wir haben uns, als wir noch Kinder waren, schon um Murmeln gestritten ... Weißt du, was Murmeln sind?«

Michael nickte nur.

»Jetzt will die mir ins Ohr blasen, daß ihrer attraktiver ist als meiner!«

»Ihr was?«

»Ihr Partner! Mein Gott, wenn es noch ein Flug-Kapitän wäre, aber ein Steward? Das ist doch nichts anderes als ein Diener in Uniform! Da stehst du doch um Klassen höher! Und siehst, das wette ich, bestimmt auch besser aus!«

Michael saß immer noch wie eine Salzsäule. Einerseits fühlte er sich gestreichelt, andererseits fürchtete er sich vor einem richtigen Chef-Steward, ja er war dabei, etwas zu ahnen, das, ganz klar konnte er das noch nicht formulieren, sehr unbestimmt war, in jedem Fall aber katastrophal.

»Verheiratet ist deine Cousine also nicht?« wagte er zu fragen.

»Sie war! Jetzt führt sie das Leben einer lustigen Witwe ...«

»Witwe?«

»Warum stöhnst die bei dem Wort? Und warum siehst du mich so komisch an? Das kann doch vorkommen! Vor allem, wenn man zweihundertzwanzig Kilometer in der Stunde fährt! Der Mann meiner Cousine war an seinem Tod selbst schuld!«

»Wie heißt sie?«

»Deinhardt ...«

Michael ließ Luft ab, hörbar selbst für Marion, lehnte sich entspannt in den Sessel, hob den Kelch mit Sekt, den er nötig zu haben brauchte wie ein Verdurstender das Wasser, hörte aber, bevor er trinken konnte: »... Entschuldige! Deinhardt war ihr Mädchenname. Jetzt heißt sie Bongartz, Julia Bongartz ...«

Michael setzte den Sektkelch wieder ab. Das Wohnzimmer drehte sich ohnehin schon. Noch vor zwei Minuten hatte er sich auf einem Höhenflug gefühlt, nun stürzte er ins Bodenlose. Das Ende war nicht auszudenken. Was aus ihm herauskam, das war nur noch: »Ich fahre nicht nach Mainz!«

»Wieso Mainz?« fuhr Marion hoch, stellte ihr Glas ebenso ab und zog ihren Hausmantel über die Knie. »Ich habe nichts von Mainz gesagt! Woher weißt du, daß meine Cousine ...«

»Habe ich Mainz gesagt?«

»Du hast Mainz gesagt!«

In Michael Wolf vollzog sich eine Wandlung. Der Druck, dem er ausgesetzt war, brachte ihn zum halben Geständnis: »Wenn ich Mainz gesagt habe, dann nicht wegen deiner Cousine! Ich kenne sie nicht, und sie interessiert mich auch nicht! Ich habe Mainz gesagt, weil ich in der letzten Nacht kein Auge zugemacht habe, ich habe Mainz gesagt, weil ich ein Kind in die Universitäts-Klinik bringen mußte ...«
»Du?«
»Ich war in Heidelberg ... auch da gibt es Druckereien ...«
»Das weiß ich!«
»... und ein kleines Mädchen schlug sich mit ihrer zackigen Halskette die Iris blutig... spät abends brachte ich sie nach Mainz, ein Uhr nachts fuhr ich nochmals hin wegen der Schlafanzüge und der Zahnbürste ... wenn ich überhaupt geschlafen habe, waren es vielleicht zwei Stunden ... und diese Geschichte kam mir hoch, als du mir von deiner Cousine erzähltest, mit der du dich streiten willst, ob ein Steward oder ein Druckpapier-Vertreter attraktiver ist, was mich ... bitte entschuldige ... einfach langweilte ... und jetzt, mein Schatz, bin ich müde ...«
Sicher war Michaels Verteidigung angreifbar, für Marion Melton aber so neu, daß sie noch nicht einmal auf die Frage kam, woher er das arme Kind denn kannte, sondern in diesem Augenblick nur Mitleid mit ihrem ›Engel‹ empfand. Er hatte das Geschirr gespült, ohne dazu aufgefordert zu sein, er hatte den Tisch gedeckt, ihr eine Orchidee geschenkt und tausend Mark Kostgeld bezahlt, obgleich er in der letzten Nacht, woran sie nicht zweifelte, nur zwei Stun-

den, wenn überhaupt, geschlafen hatte, um einem fremden Kinde das Augenlicht zu retten.
»Gute Nacht, mein Lieber!« sagte sie noch, als sie neben ihm lag und die Lichter löschte. »Schlaf dich aus ...!«
Michael drehte sich auf die andere Seite und war der festen Überzeugung, zum letzten Mal in diesem Bett zu liegen. Die tausend Mark Kostgeld waren im Schornstein und die fetten Aufträge der CICERO-PRESSE ebenso. Denn in spätestens vierundzwanzig Stunden würden die Cousinen es wissen, daß der ›Traummann‹, den sie sich gegenseitig vorzeigen wollten, ein und derselbe war.
»Liegst du gut?« Eine besorgte Frage seiner Bettgenossin.
Michael schützte gleichmäßiges Atmen vor, fühlte eine sorgende Hand auf seiner Schulter, hörte, daß auch die Partnerin sich umdrehte, und konnte endlich in Ruhe nachdenken.
Sofort ausreißen, das ging wohl nicht. Marion hatte einen leichten Schlaf, auch wenn sie schwer atmete, das hatte er oft genug erfahren. Sie würde kerzengerade im Bett sitzen, wenn er auch nur den Schrank öffnen würde, um an seinen dezent gemusterten Sakko zu kommen. In Nacht und Nebel das Weite zu suchen, das ging nicht. Zumindest bis zum nächsten Morgen war er gefangen – nicht auf harter Pritsche liegend, sondern in Daunen, auch nicht allein in einer öden Zelle, sondern neben einer jungen Frau, die jeder andere Häftling gern in die Arme genommen hätte. Insofern war sein Verlies bis zum mächsten Morgen ertragbar.

Was aber dann? Zusammen mit Marion zu Julia fahren, das war unmöglich!
Hinter seinem Rücken hörte er den schweren Atem, den er kannte. Schwer mußte also auch die Woche gewesen sein, die seine Mitschläferin hinter sich hatte. Otto Pottrich war ein Ausbeuter! Wie schön, kleine, arme Marion, dachte er, wäre das Leben mit uns beiden, wenn du keine Cousine hättest, wenigstens keine, die Julia Bongartz heißt! Der Zufall war schon unwahrscheinlich. Aber Zufälle, sagte er sich, schienen sich nun einmal dadurch auszuzeichnen, daß sie unwahrscheinlich waren, weil Zufälle, die wahrscheinlich wären, keine Zufälle waren, sondern logische Ereignisse. Warum zum Teufel, warf er sich dennoch vor, hatte er damals auf dem Mainzer Hauptbahnhof den schönen Strauß nicht der Anzeigen-Bekanntschaft, sondern ausgerechnet einer Witwe Bongartz überreicht? Heute wäre ihm wohler! Doch die Uhr ließ sich nicht zurückdrehen, außerdem hätte er keine Julia erlebt, auch keinen weißen Jaguar. Nachträglich über die Schnittpunkte von Lebenslinien nachzudenken, empfand er plötzlich als Zeitvergeudung. Er war Realist und konzentrierte sich auf die Zukunft.
Was konnte er Marion, die immer noch schwer atmete, sagen, wenn er sich morgen nach dem Samstags-Frühstück von ihr verabschieden würde? Daß er schon am Sonntag in Hamburg sein müßte? Die Chef-Sekretärin der CICERO-PRESSE würde ihn auslachen. Selbst wenn er führe, wohin denn? Zu seiner Bude in Nauheim, wo es nur ein altes Bett gab und einen leeren Kühlschrank? Zu Julia, die ihn in

Singapur wähnte? Zu Dagmar, die ihn auffordern würde, mitten am Tag nach Mainz zu fahren, um Stefanie zu besuchen?
Die Situation war ausweglos. Michael warf sich auf die andere Seite, betrachtete im fahlen Schein einer Großstadt-Nacht einen aschblonden Hinterkopf, hörte regelmäßiges Atmen und schloß die Augen wieder, um weiterdenken zu können.
Mußte er denn unbedingt weg? In seinem Gehirn fand ein Dame-Spiel statt. Marion wollte zu Julia – da mußte er aber nicht unbedingt mit. Wollte Julia zu Marion? In Daunen liegend, schüttelte er den Kopf. Julia hatte ihre Cousine Marion schon zweimal versetzt, Julia hatte keinen Jaguar und keinen Fahrer, und mit der Eisenbahn zu reisen empfand sie neuerdings als Zumutung. Daß Julia in Darmstadt aufkreuzen würde, das hielt er als so unwahrscheinlich wie mit einer Mark Einsatz drei Millionen im Lotto zu gewinnen. Für eher wahrscheinlich hielt er, daß Marion ihn mit ihrem Dickkopf nach Mainz zwingen könnte. Aber war er, verdammt noch mal, ein Partner, der alles tun mußte, was der Partnerin so einfiel? Was konnte Marion, die ihn vorführen wollte wie einen schön gelockten Sklaven, nach dem Stand der Dinge überhaupt wissen?
Daß er beim Wort ›Chef-Steward der Lufthansa‹ gehustet hatte? Daß, als der Name ›Julia Bongartz‹ fiel, er größere Augen gemacht hatte als sonst? Das waren noch keine Beweise und Indizien auch nicht! Als er ›Mainz‹ und ›Dahin fahre ich nicht‹ herausgesprudelt hatte, hatte sie zwar nachgefragt und dies ziemlich impertinent, doch dann über die wahre Geschichte

über ein sehgestörtes Kind gestaunt und ihn ins Bett gebracht. So schlimm war seine Lage nicht, er durfte nur nicht nach Mainz!

Aber er mußte noch mal ins Bad. Er machte kein Licht, um Marion nicht zu wecken, stolperte über eine Truhe und hörte postwendend: »Was ist denn los? Wo bist du?«

»Hier! Ich habe mir nur den kleinen Zeh verstaucht!«

»Ach so ...«

Danach war sein Schlaf alles andere als erquickend, weil immer wieder unterbrochen von Wachträumen, die sich zu Alpträumen auswuchsen; auch beim Frühstück, das er wie an jedem Samstag richtete, wußte er immer noch nicht, was er tun sollte, ob abfahren oder bleiben – wenn bleiben, mit welchen Argumenten er sich dann vor der Fahrt nach Mainz drücken konnte. Er erinnerte sich nicht, in den letzten Monaten derartig unter Streß gestanden zu haben.

»Engel, ich danke dir!« hörte er und sah auf eine junge Dame, die sich mit der Serviette den vor einer halben Stunde frisch bemalten Mund abtupfte. »Ich danke dir für den Kaffee, für den Orangensaft und alles, alles andere! Was hast du jetzt vor?«

»Das gleiche wie immer«, antwortete er, »du spülst das Geschirr, ich sauge den Teppich und möchte heute auch die Fenster putzen!«

»Sind die denn so dreckig?«

»Sie sind es, Schatz!«

Michael hatte einen kaum unterdrückbaren Widerwillen gegen Staubsaugen und gegen Fensterputzen, aber er brauchte Zeit zum Denken. Marion sah ihn staunend an. Sie räumte den Tisch ab, hängte in der

Küche ihren geschlitzten Hausmantel an einen Haken, band eine kurze Schürze um und ließ ihren Hausmann, der aus schmalem Schrank den Staubsauger herauswuchtete, eine nur von Schürzenbändern und winzigem Tanga unterbrochene Rückfront sehen, die an einem normalen Tage das, was Dagmar Eulich-Sturm in Heidelberg ›Gelobt sei, was hart wird!‹ nannte, in sichtbare Erregung versetzt hätte. Aber es war kein normaler Tag. An Michael gab es in diesen Minuten nichts zu loben. Er empfand noch nicht einmal den Trieb, vier oder acht Quadranten einen Klaps zu versetzen, er zog den Staubsauger ins Wohnzimmer und fing an.

Wieder mit Denken. Aber das kreiste, wollte mit dem Kreisen überhaupt nicht aufhören und kam immer wieder an den Anfang zurück. Zwischendurch hörte er das Telefon läuten, sah seine Wochenend-Partnerin mit nackter Rückfront über das Kabel des Staubsaugers springen, sah, als er einen Sessel zur Seite schob, daß sie sich das freie Ohr zuhielt, offenbar um mit dem anderen besser hören zu können, schob den Sessel an seinen Platz zurück, erblickte eine telefonierende Schürzen-Dame, die hintergründig lächelte, hob den Tisch der Eßecke einen Meter nach links, um mit dem Staubsauger unter die Eckbänke zu kommen, saugte, als würde er dafür bezahlt, hob den Tisch wieder zurück und bemerkte, daß das Telefongespräch zu Ende war und seine leichtgeschürzte Partnerin, ihn höflich anlächelnd, zurück in die Küche lief.

Natürlich machte er sich neben der Bewältigung seiner eigenen Probleme auch Gedanken darüber, wer da eben angerufen haben könnte. Ein Mann schied, dessen glaubte er sich sicher zu sein, aus. Die Chef-Sekretärin der CICERO-PRESSE hatte keinen anderen als ihn! Also mußte es eine Frau gewesen sein. Julia aus Mainz?

Dies glaubte er auch wieder nicht. Julia ließ sich anrufen, rief aber nicht an. Dazu war sie zu stolz, wozu sie berechtigt war mit ihrer Million, dachte er und sah sich, dabei staubsaugend, im Bett der jungen Witwe und hörte sich die Annäherungsversuche von Stewardessen erklären, die über Ischias geklagt hatten. Oh, auch dich, liebe Julia, dachte er, werde ich wohl nie wieder in der Haltung der Corinna bewundern können, denn du hast – er warf es ihr in Gedanken vor, während er das Kabel des Staubsaugers in die Trommel zurücklaufen ließ – die falsche Cousine, weshalb ich auch dich, mein Schatz, werde verlassen müssen...

Marion Melton dachte im gleichen Augenblick darüber nach, ob und wie sie jemanden hinauswerfen könne. Sie war im Schlafzimmer, schüttelte die Betten auf und zog sich an. Roberto hatte angerufen. Nach langen elf Monaten endlich wieder, Roberto Albaneso, ein Fiat-Händler aus München, glutäugig und schwarzgelockt bis hinter beide Ohren, der für sie immer noch der einzige Mann war, mit dem sie sich nicht nur eine Partnerschaft, sondern auch eine Ehe vorstellen konnte. Er sei überraschend in Darmstadt, hatte er gesagt und dann gefragt, wie es ihr ginge, und sie zum Abend eingeladen. Zum Essen und zum Tanz im ›Treibhaus‹, einem, Marion wußte es, exzentrischen Gourmet-Laden südlich Darmstadts.

Sie hatte, Robertos wundervolle Stimme im Ohr, die wegen des Krachs eines Staubsaugers leider oft unverständlich war, und auch enttäuscht über die letzte Nacht, in welcher ihr Bettgenosse, statt in Liebe zu machen, nur immer angstvoll geatmet hatte – wegen des verletzten Kindes? Solche Sentimentalität reichte ihr! –, nicht lange überlegt und auch keine für ihren Hausmann auffälligen Fragen gestellt, sondern einfach ja gesagt.
Was aber nun mit Michael?
Sicher war er ein guter Partner. Er zahlte Kostgeld, war auch sonst lieb, putzte samstags die Wohnung, wogegen sie ihm Aufträge in die Tasche schob. Das glich sich aus! Aber würde Roberto Fenster putzen? fragte sie sich, als sie die Strumpfhose mit Straß-Schmuck endlich in der Taille hatte. Noch nicht einmal einen Teller waschen! gestand sie sich ein. Brauchte Roberto auch nicht! sagte sie sich ebenfalls, weil er mehr Geld hatte als Michael. Der Erfolgreichere von den beiden war unbedingt Roberto, außerdem war er kein Engel, sondern ein Mann!
Damit waren für Marion die Würfel gefallen. Michael trug dazu bei, ihr Leben bequemer zu gestalten, schützte sie auch vor dem Alleinsein, sie war ehrlich genug, dies alles zuzugeben, er ließ sich sogar als Spielzeug verwenden, doch ihre Sehnsucht hieß Roberto.
Sie zog den Reißverschluß eines Kleides, das der letzte Schrei war, gerade nach oben, als sie dies dachte und als auch Michael ins Schlafzimmer trat, ein Hausmann mit blauer Schürze, mit Putzeimerchen und einem Fensterleder über der linken Schulter.

»Darf ich jetzt hier auch?«
»Du darfst!« antwortete sie und lächelte noch nicht einmal dabei, trat statt dessen vor den Spiegel.
»Im übrigen«, gab er zurück, während er das Fenster öffnete und den kleinen Eimer auf das Fensterbrett stellte, »habe ich mir Gedanken gemacht über den heutigen Tag. Ich habe auch in die Zeitung geschaut, was so los ist in Darmstadt, der sogenannten Stadt der Künste! Statt zu deiner Cousine zu fahren ...«
»Welcher Cousine?«
»Na, zu dieser ... wie hieß sie denn gleich? ... Ja! Julia! Statt dahin zu fahren, wäre es für uns beide bestimmt lustiger, wenn wir mal wieder in die Komödie gehen würden! Das Stück damals ... es hieß ›Lauf doch nicht immer nackt herum‹ ... hat uns sehr gut gefallen! Erinnerst du dich?«
Selbstverständlich erinnerte sich Marion daran. Auch an seine Nacktheit noch um zwei Uhr nachts in der Küche. Doch nach Robertos Anruf empfand sie die Erinnerung daran eher peinlich als amüsant. Sie sah, wie Michael das Leder in den Eimer tauchte, es auswrang, sah, wie er sie dabei mit fragenden Augen anblickte, hob die Schultern, ließ sie wieder sinken und hörte:
»Die haben ein neues Stück drauf ... muß zum Lachen sein, schon vom Titel her ... ›Robert, der Kurschatten‹.«
»Finde ich gar nicht lustig!«
»Na gut, heute sagt man nicht mehr Kurschatten, sondern Sternschnuppe, das weiß ich auch! Erst bist du mein Stern, dann bist du mir schnuppe ...!«
Jetzt war Marion Melton nicht nur peinlich berührt,

jetzt fühlte sie sich beleidigt und stürmte hinaus, einen Hausmann zurücklassend, der sich über diesen Ausbruch keine großen, aber immerhin doch Gedanken machte, als er mit seinem Leder auf der Innenseite des Fensters angekommen war. Was hatte sie plötzlich, fragte er sich, gegen die Darmstädter Komödie? Er wußte es nicht. Was er dagegen wußte, das war, seine Partnerin bis zum Sonntag hinhalten und sich dann unter dem Vorwand, eine lange Fahrt bis Norddeutschland vor sich zu haben, von ihr verabschieden zu müssen, in Wirklichkeit aber in seine Nauheimer Klause zu kommen, die ihm seit den letzten Stunden als eine Oase des Friedens und der Geborgenheit erschien. Den heutigen Samstag wollte er, eines stilvollen Abgangs wegen, noch durchstehen. Mit ›Robert, dem Kurschatten‹ oder, wenn Marion das Theater scheuen sollte, mit einem Essen im Hotel MARITIM, wohin ihn Dagmar zu einem Schäferstündchen hatte locken wollen. Der würdige Abgang war ihm wichtig. Wenn er schon das Handtuch werfen mußte, dann wollte er dies mit Grazie tun, dann sollten die liebenswerten Cousinen, von denen sich trennen zu müssen er für unvermeidbar hielt, nicht noch Jahre später, wenn sie sich seiner erinnerten, einen faden Geschmack auf der Zunge haben, sondern zumindest Wehmut empfinden.

Damit war Marion Melton abgehakt. Welchen Abschied er bei Julia inszenieren mußte, darüber wollte er in Nauheim nachdenken.

Aber Pläne schmieden und Pläne verwirklichen – das waren zwei verschiedene Dinge. Michael begriff es, als auch das Fenster des Schlafzimmers so durchsich-

tig war wie das Wasser einer Gebirgsquelle, und als die Szene betreten wurde von einer hochgestylten Frau.
»Daß ich vorhin angerufen wurde, das hast du mitgekriegt ... oder?«
Michael nickte.
»Ich hatte Hemmungen, dir zu sagen, wer mich angerufen hat ...«
»Welche Hemmungen?« fragte er und warf das trokkene Leder ins schmutzige Wasser des Putzeimers wie das Handtuch in den Ring.
»Weil aus unserem Wochenende, auf das ich mich ehrlich gefreut habe, leider nichts werden kann ... Ich muß nach München ... meinem Vater geht es nicht gut ...«
Michael staunte. Er wußte, daß Marions Eltern in München wohnten, sie hatte oft genug von ihnen erzählt, aber nicht davon, daß der alte Herr Gebrechen habe, denn noch vor zwei oder drei Wochen hatte sie sich darüber lustig gemacht, daß ihr Vater ein Jogging-Fan war. Andererseits bot ihm die Nachricht eine Aussicht, die er noch in der letzten Minute als Vision empfunden hätte. Doch er fühlte sich verpflichtet, den Anteilnehmenden zu spielen:
»Was ist mit ihm?«
»Kein Arzt weiß es ... seit gestern abend liegt er im Krankenhaus ...«
»Hat er Schmerzen?«
»Überall ...«
»Und wie willst du nach München kommen?«
»Mit meinem Auto!«
»Das sind vierhundert Kilometer!«

»Engel ...«, sie schluckte bei dem Wort, als sei es eine Kröte, »ich muß da allein hinfahren! Warum siehst du mich so an? Sicher wollte ich dich meinen Eltern immer vorstellen, ehrlich! Aber jetzt? In dieser Situation? Nein, das geht nicht! Verstehst du das?«
Michael verstand das sehr gut, vor allem das Ungesagte, er ließ Luft ab und schalt sich ein Rindvieh, zwölf lange Stunden darüber nachgedacht zu haben, wie er sich von Marion Melton verabschieden könne. Sie verabschiedete sich von ihm! Er ging in die Küche und kippte graues, schmutziges Wasser in die von Chrom blitzende Spüle, und dies – davon war er überzeugt – zum letzten Mal in seinem Leben.
Zwei Stunden später packte er in seiner Nauheimer Wohnung zwei Koffer aus, einen kleinen mit Papiermustern und einen großen mit Strümpfen und mit Unterwäsche, mit sechs Hemden und einem seidenen Hausmantel, mit einem kristallenen Aschenbecher und mit zwei Anzügen. In Darmstadt hing und lag jetzt kein Stück mehr von ihm. Marion hatte nicht protestiert, auch nicht gefragt, weshalb er alle seine Fächer im Schlafzimmerschrank geräumt hatte. Sie hatte noch nicht einmal zugeschaut. Als er in ihrer Gegenwart den linken Arm angehoben und demonstrativ die geschenkte Rolex abgeschnallt und auf den Tisch des Hauses gelegt hatte, da war sie auch nicht beleidigt gewesen. Zum Abschied hatte sie ihm eine Hand gereicht, die, als er sie losgelassen hatte, auf ihre Hüfte gefallen war wie ein Stein.
Er war frei!
Frei? fragte er sich im nächsten Augenblick – von was?

Wenn er sich in seiner Einzimmerwohnung umsah, war er frei von allen Annehmlichkeiten dieser Welt, frei von Möbeln, mit denen es sich leben ließ, frei von Räumen, in denen man atmen konnte, frei von Küchen, die für Koch-Fans etwas zu bieten hatten, frei sogar von weiblichem Charme.
Michael Wolf saß vor seinen ausgepackten Koffern und ließ die Augen schweifen. Außer dem Sessel, in dem er hockte, sah er einen Tisch, ein nicht ordentlich gemachtes Bett, sah er einen penetrant weißen Schrank, auch eine Art Kommode für seine Papiere und Akten, sah er auch zwei Stühle an der Wand, Regale mit vielleicht hundert Büchern und daneben ein Poster, das ein nacktes Mädchen in aufreizender Pose zeigte, das aber den Charme einer Julia, einer Dagmar und sogar den einer Marion Melton vermissen ließ und eigentlich nur Brüste zeigte und ein Schamdreieck, das er von den drei anderen hübscher in Erinnerung hatte. Außerdem verfügte dieses Mädchen, das eine rosarote Popbrille auf der Nase hängen hatte, nur über zwei Dimensionen. Und Michael war für drei. Kurzentschlossen sprang er auf und tat, was er sich seit Monaten immer vorgenommen hatte: er riß das fast lebensgroße Mädchen von der Wand, riß es in kleine Stücke und stopfte es in den Mülleimer.
Dann rief er Heidelberg an – weshalb, das wußte er selbst nicht so genau, aber er fühlte sich verlassen, und die letzte Dame, von der er sich verabschiedet hatte und nicht die sich von ihm, das war Dagmar Eulich-Sturm.
»Hallo ...!«
»Ich bin's ...«

»Micha! Wo bist du?«
»In Bremen!« sprudelte es aus ihm heraus, weil sich sein Unterbewußtsein vor Krankentransporte von Heidelberg nach Mainz oder von Mainz nach Heidelberg immer noch fürchtete.
»Ich habe solche Sehnsucht!«
»Ich auch ...«, hauchte er in den Hörer. Diesmal war es keine Schwindelei.
»Stefanie kann wieder voll sehen«, hörte er, »ich war heut bei ihr, bin gerade zurück. Sie muß nur noch vier Tage in Mainz bleiben, sie fühlt sich wohl, wurde verlegt in ein Zweibettzimmer zu einer Sechzehnjährigen, die beiden hören den ganzen Tag Radio Luxemburg ... Micha, in Heidelberg wären wir jetzt ungestört ... ungestört wie noch nie ... aber leider bist du ja in Bremen ...«
Er war dabei, sich die Zunge abzubeißen. In Gedanken sah er grünes Leder und etwas Blankes, das er so blank noch nie gesehen hatte, sah er verschleierte Katzenaugen und einen sich öffnenden Mund und roch ein Parfüm und spürte, daß das, was an ihm zu loben war, in der allernächsten Minute in der Tat hätte gelobt werden können. Doch leider hatte er auf die falsche Karte gesetzt. Das Wort ›Bremen‹ konnte er nicht zurücknehmen. Weil er dann hätte zugeben müssen, die Unwahrheit gesagt zu haben. Diese Erkenntnis mochte er der leidenschaftlichen Dagmar nicht zumuten. Sicher rechnete er in einer Hinterkammer seines Gehirns nebenbei aus, wie viele Stunden ein weißer Jaguar von Bremen nach Heidelberg brauchen könnte, verwarf die Rechnung aber, weil er dann noch sechs Stunden in der Öde seiner Nauhei-

mer Wohnung hätte verbringen müssen. Doch seine Stimme war nicht zornig über das eigene Mißgeschick, sondern sanft und voller Schmelz:

»Ja, leider in Bremen ... ich habe nur angerufen, weil ich deine Stimme hören mußte!«

»Dann hattest du das gleiche Verlangen wie ich!«

»Auch über Stefanie wollte ich Näheres erfahren, aber nun ist ja alles gut. Dein Silber steigt heute schon ...«

»Ich will kein Silber, ich will dich!«

»Deshalb, Schatz, werde ich übermorgen auch schon in Heidelberg sein!«

»Wunderbar! Dann hört Stefanie noch Radio Luxemburg!«

»Ich wünsche dir einen schönen Sonntag! Kuß, Schatz!«

»Kuß, Micha!«

Er legte auf, rannte zum Spiegel und sah hinein. Wie konntest du, fauchte er sein Gegenüber an, ausgerechnet »Bremen« sagen? Du bist der größte Idiot! Ich? fragte der andere Mann. Ich habe uns für übermorgen angekündigt, für einen Montag, an dem wir noch nie in Heidelberg waren, und das kleine Luder Stefanie wird uns nicht stören ... Worauf er wieder zum Telefon lief.

Julia sagte nicht ›Hallo‹, sondern nannte ihren Namen.

»Ich bin's ...«

»Von wo rufst du an, Michael? Von Singapur?«

»Nein, vom Terminal Rhein-Main!«

»Du bist schon zurück?« Es war ein Jubelschrei.

»Unfahrplanmäßig zurück«, bestätigte er.

»Du kommst zu mir?«
»Wenn ich nicht störe ...«
»Wie kannst du stören? Du wohnst doch hier!«
»Aber du könntest Besuch haben ...«
»Besuch? Der kommt erst Sonntag!« lachte Julia.
»Und wer ist das?«
»Meine Cousine Marion aus Darmstadt mit ihrem Traummann. Sie wollte ihn mir schon immer mal zeigen ... aber nun zeige ich morgen auch dich!«
Michael schluckte. Es kam nicht alle Tage vor, daß man sich selbst vorgestellt wurde. Doch die Gefahr, daß so etwas passieren konnte, bestand nicht mehr. Marion war in München. Weshalb er glaubte, witzig werden zu können: »Schatz, ich bin nicht vorzeigbar!«
»Du nicht vorzeigbar? Noch nie hatte meine Cousine einen richtigen Mann! Wird sie auch jetzt nicht haben! Und so, wie ich sie kenne, würde sie sich nach dir jeden Finger ablecken!«
Michael sah das nach dem Abschied in Darmstadt anders, behielt diese Erkenntnis aber für sich und sagte nur: »Na gut, dann werden wir die liebe Verwandte also morgen empfangen und uns ihren Traummann ansehen ...«
»Du bist endlich mal einverstanden?«
»Ich bin!« nickte er großzügig, als säße ihm Julia gegenüber.
»Michael, dafür bekommst du nachher einen ganz besonders heißen Kuß! Wann wirst du hier sein?«
»In einer Stunde.«
»Bis dann.«
»Bis dann.«

So tief im Keller war er also noch nicht, dachte er. Wunderschöne Tage hatte er vor sich. Heute und am Sonntag in Mainz, wo Marion nicht hineinplatzen konnte, weil sie bei ihrem Vater oder sonstwo war, und Montag und Dienstag in Heidelberg, wo er ebenfalls ungestört sein würde, weil die Nervensäge Stefanie noch in der Augenklinik liegen mußte.
Bei welchem Gedanken ihm, weil er schon wieder wegfahren wollte, einfiel, noch nicht in den Briefkasten geschaut zu haben. Keineswegs erwartete er aufregende Post, noch nicht einmal irgendwelche Mahnungen, doch er war bedacht darauf, den Briefkasten von Reklamesendungen zu räumen, damit bei Nachbarn nicht der Verdacht aufkeimen konnte, daß er etwa über alle Berge sei. Heute stellte sich die Leerung als notwendig heraus. Der nächste Prospekt eines Supermarktes hätte nicht mehr hineingepaßt. Doch außer den sensationellen Spar-Angeboten fand er auch einen Brief, der seinen Namen trug und der geschrieben war mit einer Schreibmaschine, deren Buchstaben ihm bekannt vorkamen. Er riß ihn auf und las:

> Ich ertrinke in Aufträgen. Ich brauche einen Drucker, der auch setzen kann. Ich habe angebaut, im Schlafzimmer ist jetzt die Offset-Abteilung. Ich würde Dir dreitausend Mark pro Monat bezahlen, wohnen kannst Du, wo Du willst. Hilde.

Michael lächelte müde. Ich, ich, ich ... typisch dachte er. Die Buchdrucker-Meisterin May sah auf der Welt nur sich! Dreitausend Mark für zehn Stunden harte Arbeit am Tag ... was die sich einbildete! Wo blieben da Julia und Dagmar? Marion Melton hatte er abgeschrieben, damit leider auch die künftigen Aufträge der CICERO-PRESSE ... aber zurück in die May-Druckerei, wo immer noch mit Blei statt mit Lichtsatz gearbeitet wurde? Nie! Einen Auftrag mit dreitausend Mark Provision hatte er gestern neben seinem Abendbrot-Teller gefunden, ohne einen Finger gekrümmt zu haben, zumindest nicht für den Auftrag. Und jetzt sollte er für dreitausend einen ganzen Monat schuften?

Freilich gestand er sich ein, daß die knackige Arbeitsbiene Hilde mit ihren Briefbögen, Heirats- und Traueranzeigen und den Parteiversammlungs-Plakaten einem Gehilfen nicht mehr bezahlen konnte. Aber was ging das ihn an? Außerdem: Wenn die Offset-Maschine jetzt im Schlafzimmer stand, wo fand dann der Schlaf oder Beischlaf statt? Sollte er deshalb wohnen können, wo er wollte? Er empfand den Brief als eine unverzeihliche Übertreibung von Arbeitswut einer Mini-Unternehmerin, zog die Uniform eines Handlungsreisenden aus und die eines Chef-Stewards der Lufthansa an. Im Spiegel rückte er die Mütze noch etwas kesser nach rechts, stopfte dann drei saubere Slips und zwei saubere Hemden in eine Lufthansa-Tasche, damit Julia für ihn etwas zu waschen hatte, fuhr den Jaguar aus der Garage und den Opel hinein – und hatte dann ein Problem. Nämlich das der rechten Tür. Mit kritischen Blicken ging er um den Wagen herum, stellte fest, daß er eigentlich gewaschen werden müßte, bevor er damit in Mainz erschien, hatte dann aber eine Idee.

Er lief zurück in seine Wohnung, nahm einen

Schwamm, auch einen Eimer warmen Wassers, lief wieder auf die Straße und wusch, wobei die Lufthansa-Mütze immer wieder verrutschte, die Beifahrertür des weißen Jaguars, aber auch nur diese. Und trotz dieses zeitraubenden Aufwandes war er zehn Minuten vor Ablauf der vereinbarten Stunde am Mainzer Hauptbahnhof, wo er von der ihm bekannten Floristin, die ihn anlächelte als habe sie einen uralten Bekannten vor sich, einen festlichen Strauß mit heute sechs Rosen erstand. Auf die Minute genau ließ er in der Tiefgarage des Hauses, in dem Julia Bongartz wohnte, den Motor des Jaguars ersterben.

»Ist das eine Überraschung! Erst der Strauß!« jubelte sie. Auch Michael war überrascht. Weil Julia ihn nicht in ihrer Wohnung begrüßte, sondern vor der Stahltür des Lifts der Tiefgarage. In einem Anzug, der Krach machte.

»So weit bist du gesunken, wollte sagen: gefahren?« scherzte er.

»Um dich zu begrüßen! Ich wußte, daß du pünktlich sein würdest auf die Minute! Immer bist du pünktlich! Liegt das an der Lufthansa?«

»An der nicht!« antwortete er guten Gewissens, weil er sich an Zeitungsmeldungen der letzten Wochen erinnerte. »Jede Flugnummer hat Verspätung, die Wartezeiten über den Airports werden immer länger, es gibt einfach viel zu viel Leute, die da fliegen wollen, glaub mir das! Aber da du schon mal hier unten bist, kannst du dir auch noch gleich die neue Tür ansehen ...«

Julia, einen von glitzerndem Cellophan eingehüllten Strauß mit beiden Armen vor ihren Busen haltend,

sah sich die Tür an: »Da warst du aber in einer sehr guten Werkstatt! Das Weiß ist ein klein wenig heller ... strahlender, möchte ich sagen ... aber sonst ...«
»Ja, mit der Reparatur bin ich zufrieden!« antwortete er.
»Sogar mit dem Preis. Die Tür kostet nicht 4200, sondern nur 4060 Mark. Du kriegst also 140 zurück, die Rechnung habe ich dabei!« Und griff mutig in die Brusttasche seiner Lufthansa-Jacke.
»Was soll ich denn mit der Rechnung?« wehrte sie ab.
»Die mußt du behalten, damit du dem Mopedfahrer klarmachen kannst, was er angerichtet hat! Und die 140 Mark verbraten wir auf der Stelle!«
»Bitte?«
»Wir fahren essen! Du mußt doch Hunger haben! Auf deine vorzeitige Rückkehr war ich nicht vorbereitet ...«
Michael blickte in unschuldige Rehaugen, wollte dann auf seine Uhr sehen, aber da war nur ein nacktes Handgelenk. Sofort riß er den Arm wieder hinunter: »Es muß kurz vor drei sein! Da bedient uns in Mainz kein Mensch mehr!«
»Daran hab ich nicht gedacht ...«, gab sie zu, »im Kühlschrank habe ich wirklich nur Kleinigkeiten ... aber die herrlichen Blumen sollten ins Wasser ...«
»Also fahren wir hinauf!« entschied Michael, schob Julia in den Lift und fuhr dann zu einem Dinner ganz besonderer Art. Denn das Fleisch, das ihm geboten wurde, war nicht eßbar, aber genießbar. Schon im Lift drückte sich Julia, als wolle sie ihn trösten, an ihn heran, und er sich, den Trost annehmend, an sie. Es knisterte. Als beide die Diele betreten hatten und die

Wohnungstür geschlossen war, wurde aus dem Knistern das Stieben glühender Funken, flog die Lufthansa-Tasche auf den Teppich und der Strauß dazu. Denn Julia war zwei Tage lang mutterseelenallein gewesen.

Freilich war er in Heidelberg mit einer Mutter und Tochter spazierengegangen – aber sonst? Freilich hatte er am Freitagabend bei Marion so etwas wie Liebe, doch viel zu kurz, genossen – aber sonst? Jetzt holte er das Versäumte nach, ohne ›Herrenbitter‹ und sogar mit leerem Magen.

»War wieder eine Corinna in deiner Maschine?« flüsterte Julia in einer Atempause.

»Leider nicht ...«, hauchte Michael zurück.

»Wieso leider?« seufzte sie und drückte angesichts der Türme des Mainzer Domes gegen das, was in Heidelberg als lobenswert gepriesen worden war.

»Weil ich fürchte, daß ich die Ischias-Injektionen langsam verlerne ... intramuskulär, Quadranten Nummer zwei in Richtung Darmbeinkamm ...«

»Woher weißt du das eigentlich alles?« hörte er, spürte aber sogleich wieder eine Zunge gegen seinen Gaumen trommeln.

»Ein Steward muß das können, ich habe das schon mal erklärt«, seufzte er zurück und sah sich in Gedanken als Sanitäter der Bundeswehr, dem das mal beigebracht worden war, der dabei aber alle Quadranten als abstößig männlich empfunden hatte. »Aber deine sind die schönsten der Welt ...«

»Eigentlich wollte ich dir etwas zu essen machen ...«

»Das hat Zeit!«

»Es ist nicht viel, was ich habe ...«

»Was ich an dir bewundere, davon hast du übergenug!«
»Du reißt meine Wäsche kaputt!«
»Dann zieh sie doch aus!«
»Ich bin ja schon dabei!«
Dann hatte der ehemalige Sanitäter Michael Wolf zwei wunderschöne Quadranten Nummer zwei in seinen Händen, mußte sie dort haben, weil es eine Amazone zu zügeln galt, und die einhundertvierzig Mark Gewinn aus der Rechnung für eine neue Jaguar-Tür wurden erst gegen Abend in einem mittelfeinen Hotel verbraten.
Dann war Sonntag. Wieder fuhren sie essen, diesmal auf Rechnung von Julia, die darauf so leidenschaftliche Anspruch erhob, daß Michael die Gegenwehr aufgab. Danach fuhren sie zum Hauptbahnhof, um eine Torte zu kaufen.
»Wozu das?« fragte er. »Ich bin satt bis obenhin!«
»Nicht für dich!« lächelte sie. »Für meine Cousine und ihren Traummann!«
Und Michael lächelte müde in sich hinein. Cousine! Traummann! Marion war in München.
Marion kam aber. Pünktlich am Sonntag um 16 Uhr. Michael saß, in jeder Hinsicht gesättigt, genüßlich auf dem Sofa, rauchte und amüsierte sich über die Torte und die vier Kaffee-Gedecke, als die Glocke der Sprechanlage erklang und Julia in die Diele lief. Er hörte nicht, was sie da von sich gab, er hielt das Klingelzeichen für einen Irrtum, für einen Streich minderjähriger Mädchen. Es war aber keiner – es war der Streich einer Dame in den dreißiger Jahren.
Michael genoß seine Siesta und schätzte noch die

Höhe der Türme des Mainzer Domes ab, die er hinter dem Wohnzimmerfenster erblickte, und wurde dann von einem ganz anderen Anblick hochgerissen, nämlich von Marion Melton, die den Mund nicht wieder zubekam, und von einem schwarzgelockten Mann, der wie ein Heiliger lächelte. Es war ein Augenblick, in welchem zwei Menschen das Luftholen vergaßen, Marion auf der einen, Michael auf der anderen Seite. Jeder wünschte den anderen in die Antarktis.

»Wenn ich bekanntmachen darf«, tönte Julia voller Triumph, ihre Cousine ansehend und den, der vom Sofa aufgesprungen war, »Herr Michael Wolf und Fräulein Marion Melton ...«

Michael zögerte. Er sah in Augen, aus denen Entsetzen sprühte, in denen aber auch so etwas wie ein Befehl ablesbar war, den Mund zu halten. Ihm war, als solle er in loderndes Feuer springen. Zaghaft ging er auf die Dame, die ihm vorgestellt worden war, zu und glaubte, einen Film über die Unheimliche Begegnung der dritten Art zu erleben, als seine Finger einen ihm sehr bekannten Ring fühlten und als er aus einem Mund, der ihn vorgestern noch innig geküßt hatte, die Worte hörte: »Guten Tag, Herr Wolf, ich freue mich, Sie kennenzulernen!«

Das war doch nicht möglich! dachte er, dachte auch an den weißen Jaguar, dessen Schlüssel er noch in der Tasche hatte. Aus dieser irren Szene half doch nur die Flucht! Doch Marions Augen bannten ihn. Kurzatmig stotterte er: »Die Freude ist ganz meinerseits ...«, bemerkte, daß die Hand, die er gerade losgelassen hatte, auf die Schulter des Schwarzgelockten kroch, und vernahm dann:

»Und dies, liebe Julia und sehr geehrter Herr Wolf, ist mein Roberto … Roberto Albaneso!«
Neues Händeschütteln. Michael ließ Julia den Vortritt, nahm die Pranke des ihn devot Anlächelnden erst nach ihr in die Hand. Danach begrüßten sich die Cousinen, gaben sich Wangenküßchen.
»Und wie geht es Ihnen, Fräulein Marion?« fragte Roberto.
Marion blickte pikiert auf.
»Oh, Marion, das habe ich vergessen!« entschuldigte sich Julia und schenkte Kaffee ein.
»Ich stellte dich nicht korrekt vor, denn du willst ja mit Frau angeredet werden … Bitte entschuldige!« Sie verteilte Schwarzwälder Kirschtorte, was allen eine Denkpause bescherte, weil jedes hohe, schmale Stück umzufallen drohte, von der Serviererin aber doch in die Senkrechte balanciert wurde. Marion und Michael sahen allerdings weniger auf die Torte, vielmehr sahen sie sich selbst an mit ebensoviel Staunen wie Wut, dies aber wiederum so verhalten, daß Roberto und Julia die Blicke verborgen blieben.
Du bist ein ganz gemeiner Kerl! dachte Marion. Wenn es die Situation zuließe, würde ich dich anspucken! Aber immerhin hast du eine gewisse Intelligenz, denn du spielst mit. Leider kann ich dich nicht anspucken, weil dann mein Roberto, der neben mir sitzt, mir nie wieder glauben würde. Und Roberto ist meine Zukunft! Verstehst du das, du Idiot?
Ein infames Luder bist du! dachte dagegen Michael. Tausend Mark Kostgeld habe ich dir vorgestern bezahlt und das freiwillig, dir gestern die Rolex zurückgegeben! Du hast gesagt, deinem kranken Vater in

München beistehen zu müssen und führst dich hier als die Braut eines Mannes auf, den ich noch nie gesehen habe, von dem du mir auch noch nie erzählt hast! Doch wenn du hier auspacken solltest in deiner Dummheit, dann werde ich dir den Rest der Schwarzwälder Kirschtorte ins Gesicht schmeißen und dies im Namen deiner heißgeliebten Cousine!

Es knisterte. Diesmal, Michael gestand es sich ein, aber nicht von Erotik und von Liebe, sondern von Empörung und von Haß. Dann war jeder bedient, auch mit Sahne und Würfelzucker, und die Konversation wurde fortgeführt von der Gastgeberin. Julia fühlte sich verpflichtet, sich nach der Fahrt ihrer Gäste erkundigen zu müssen.

»Ohne Probleme!« antwortete Herr Roberto Albaneso. »Von Darmstadt nach Mainz ist es doch nur ... wie sagt man? ... ja, ein Katzensprung! Vor allem, wenn man ein Auto fährt, das diesen Namen verdient.«

»Was fahren Sie denn?« platzte Julia heraus.

»Natürlich einen Fiat!« lächelte Roberto.

Julia setzte eine mitleidsvolle Miene auf und wandte sich an Michael: »Wäre das für uns eine Alternative?« Dann sah sie ihre Gäste an: »Michael und ich fahren nämlich einen Jaguar!«

Marion ließ die Kuchengabel fallen, was zur Folge hatte, daß ihre Schwarzwälder Kirschtorte auf die Seite fiel: »Einen Jaguar? Wir fahren Fiat! Wir stehen nämlich mit beiden Beinen auf der Erde und schweben nicht wie Herr Wolf immer über den Wolken! Waren Sie gestern auch noch im Himmel?«

Michael fühlte sich angesprochen, antwortete aber

nicht sofort. Er hatte Mühe, das hohe Tortenstück, von dem er mit der Kuchengabel einen kleinen Bissen absäbeln wollte, mit seiner plötzlich zittrigen Hand nicht umzustürzen. Wieso und warum, fragte er sich, spielte das infame Stück Marion Melton immer noch Versteck? Nur wegen ihres neuen und schwarzgelockten Partners? Wenn ja, und das glaubte er erkannt zu haben, konnte er frech werden:
»Im Himmel, Frau Melton ... spreche ich Ihren Namen richtig aus?«
Roberto Albaneso nickte, Julia ebenso, nur aus Marions Augen blitzte helle Empörung.
»Im Himmel«, fuhr Michael fort, »war ich gestern nur bis zum frühen Vormittag, gewissermaßen bis zu einer Stunde, da Hausmänner ... so etwas soll es ja geben ... weil Wochenende ist, anfangen, die Fenster zu putzen ...«
Roberto Albaneso lachte fröhlich, Julia setzte spontan ihre Tasse ab, weil sie ebenfalls lachen mußte, nur die Chef-Sekretärin der CICERO-PRESSE zeigte ein Lächeln, das nicht lustig, sondern versteinert war. Michael war ebenso ernst: »Lustvoll war das Herunterkommen vom Himmel aber nicht, denn es gab eine Bauchlandung ...«
»Davon hast du mir ja gar nichts erzählt!« unterbrach Julia, und die Bestürzung war ihr anzusehen.
»Eine Bauchlandung?« fuhr Roberto Albaneso hoch und saß auf seinem Stuhl wie ein Denkmal des Mitleids, wurde jedoch von Marion Melton beruhigend auf die Schulter geklopft: »So schlimm wird es schon nicht gewesen sein! Schließlich sitzt uns der Bauchlander gesund und munter, wie ich meine, gegen-

über! Aber darf ich fragen, Herr Wolf, wo Ihre Bauchlandung gestern stattfand?«
Michael sah kurz in die erschrockenen Augen Julias, in die ihn bewundernden von Herrn Albaneso, auch in die kalten von Marion, überlegte nicht lange und sagte: »In einer Gegend, Frau Melton, die mir bis gestern heimisch, auch zivilisiert erschien, weil bewohnt von Menschen, die sich gegenüber anderen Menschen als Mensch verhalten, mit Anstand, meine ich, einfach dem anderen gegenüber ehrlich sind ... doch meine Bauchlandung fand statt in einer Wüste, in der es nur Heuchler gab und Betrüger! Aber ich habe, Frau Melton, wie Sie richtig bemerkt haben, die Katastrophe überstanden!«
Marion schäumte: »Ich gratuliere!«
»Zu beglückwünschen ist er tatsächlich, mein Michael!« warf sich Julia in die Brust. »Auch mir darfst du gratulieren, Cousinchen! Sonst kommt er nämlich immer erst dienstags heim von seinen Flügen nach Rio, Singapur oder Tokio, wegen der Bauchlandung konnte ich ihm aber schon gestern, an einem Samstag, den Staub fremder Erdteile von seinen Schultern bürsten ...«
Julia brauchte eine Atempause, so impulsiv hatte sie gesprochen. Michael beobachtete unterdessen, daß die Chef-Sekretärin der CICERO-PRESSE nahe daran sein mußte, den Tisch mit allen Tassen, Kannen und Kännchen und der noch halben Schwarzwälder Kirschtorte umzukippen, glaubte jedoch auch zu erkennen, daß sie an diesem Gewaltakt von reiner Neugier gehindert wurde, denn Marion starrte, als sei sie hypnotisiert, auf die Lippen von Julia, die mit der Un-

bekümmertheit eines reinen Toren in ihrer Euphorie einfach nicht zu bremsen war:
»... was glaubst du, Cousinchen, welch andere Abenteuer mein Michael schon hat bestehen müssen! Nicht nur lebensgefährliche, sondern auch pikante! Michael, erzähl doch mal!«
»Ich? Worüber denn?«
»Über dein Abenteuer mit Corinna!«
»Darüber spricht man nicht!« wehrte Michael ab.
»Warum denn nicht?« empörte sich Julia. »Du hast dich benommen wie ein Gentleman, wie ein Mann von Welt, wie ein Dompteur von heißen Katzen!«
»Heißen Katzen?« entrüstete sich Marion Melton, stützte beide Ellenbogen auf den Tisch und legte das Kinn in ihre gefalteten Hände: »Das würde mich interessieren!«
»Meine Cousine Marion möchte es hören, Michael!« bohrte Julia. »Berichte doch endlich über dein Abenteuer mit Corinna!«
Michael dachte nicht daran. Er war mit seinen Gedanken wieder einmal bei seiner Flucht. Diese Kaffeetafel konnte doch nur enden mit einem Desaster, mit absolutem Blackout und damit, daß sich zwei Cousinen gegenseitig Haarbüschel vom Kopfe rissen! Aber wie flüchten? Das Wie war die Frage.
»Warum erzählst du nicht, Michael?« hörte er Julia fragen, während er auf Marion sah, die sich zu einem Lächeln zwang, aber immer leidenschaftlicher auf ihrer Unterlippe herumbiß.
»Dann muß ich es halt erzählen!« seufzte Julia, und das fast glücklich. »Stell dir vor, Marion ... Michael war auf dem Flug nach Nordamerika. An Bord war ei-

ne neue Stewardeß, eine schwarzgelockte, sie hieß Corinna und war geil ...«

»Das habe ich nie gesagt!« protestierte Michael.

»Aber du hast gesagt, daß dich Corinna, wenn es irgend ging, mit ihren schwenkenden Hüften berührt hat! Für mich ist das geil ... für dich nicht auch, Cousine?«

Marion Melton blieb mit ihren Ellenbogen auf dem Tisch und mit dem Kinn in den Händen, zuckte nur etwas mit den Schultern, als wollte sie ausdrücken, daß sie sich in dieser Frage nicht entscheiden könne, wogegen Roberto Albaneso zustimmend nickte.

»Dann sage ich halt läufig!« fuhr Julia fort. »Über dem Atlantik ging das noch gut, doch als er in New York getankt hatte ...«

»Die Maschine!« korrigierte Michael.

»Sie waren wirklich schon mal in New York, Herr Wolf?« fragte Marion Melton, ohne ihren Kopf von den Händen zu nehmen.

»Cousinchen! Mein Michael ist da in jeder Woche mindestens einmal!« antwortete Julia. »Aber hinter New York ... Michael flog nach San Francisco ... wurde Corinna in zehntausend Metern Höhe über einem fürchterlichen Gewitter, aus welchem die gräßlichsten Blitze zuckten, deutlicher ... nein: überdeutlich wurde sie! ... Sie erklärte meinem Michael, an Ischias zu leiden ...«

»An Ischias ...!« wiederholte Marion Melton zwischen ihren Zähnen, während Roberto Albaneso ein süffisantes Lächeln aufsetzte und Michael immer wieder protestierend über Julias Knie strich und auch darauf klopfte. Mensch, hör doch auf! dachte er.

Doch Julia ließ sich nicht beirren: »Ja, die schwarzgelockte Corinna sagte Ischias! Mein Michael fragte sie natürlich aus, wieso sie mit einer solchen Senioren-Krankheit Stewardeß der Lufthansa hatte werden können, sicher tat er das! Doch Corinna brachte plausible Gründe vor, beteuerte, daß sie Spritze und Ampullen dabei habe und fragte, ob er ihr nicht ... bitte, bitte ... eine Injektion verabreichen könne ...«
»Können Sie denn so etwas?« fragte Marion Melton, und Michael sah in hellblaue Augen, die jetzt nicht nur garstig, sondern auch hämisch blickten.
»Sicher kann das mein Michael!« rief Julia. »Das gehört nun mal zur Ausbildung eines Chef-Stewards! Aus Barmherzigkeit sagte er ja, jagte alle Stewardessen aus der Küche, schob Corinna hinein, blieb selbst aber draußen, um den Beipackzettel der Ampulle studieren zu können. Denn Injektion ist ja nicht gleich Injektion! Da gibt es intramuskuläre und intravenöse, und auch die Körpergegenden, will ich mal sagen, auf welche die Spritze gesetzt werden muß, sind verschieden, und auch die Richtungen sind es, welche die Kanüle einzunehmen hat ...«
Julia redete sich in Eifer, und Marion Melton hörte aufmerksam zu. Selbstverständlich bemerkte sie, daß Michael immer nervöser wurde, daß er dabei war, aufzuspringen und hinauszulaufen, aber gerade deshalb hörte sie zu, weil jetzt seine Hochstapelei, kolportiert von Cousine Julia, bemerkenswert wurde. Was noch fehlte, war nur das Stichwort ›Quadrant‹, dachte sie. Sie konnte es kaum erwarten, bis das Stichwort fiel. Aber sie zwang sich, Ellenbogen auf dem Tisch und das Kinn in den Händen, zur Ruhe.

Denn neben ihr saß Roberto, mit dem sie gestern einen tollen Abend im ›Treibhaus‹ und danach eine glückliche Nacht verbracht hatte, glücklich auch deshalb, weil er zwei Uhr morgens von Heirat gesprochen hatte. Das war der Grund, weshalb über ihrem Mund ein Heftpflaster klebte. Das Wort ›Quadrant‹ durfte sie nicht aussprechen, das durfte sie nur denken. ›Deine rechte Nummer zwei ist sehr reizvoll!‹ hörte sie in Gedanken, ›die linke Nummer drei aber noch weit, weit hübscher!‹ Beim ersten Mal hatte sie geseufzt über so viel Anerkennung, später hatten diese Sprüche ihre Begierde aber nur noch angestachelt, was in ihrem Alter nach einer Arbeitswoche mit Otto Pottrich, aber sonst ohne Mann, wohl auch kein Wunder, sondern nur natürlich war. Doch Roberto hatte in der letzten Nacht nicht irgend etwas an ihr abgezählt, sondern sie einfach genommen. Das war der Unterschied. War es nicht, dachte sie, eine Fügung des Himmels, daß Roberto gestern ihr Verhältnis mit Michael durchkreuzt hatte? Wie verwundet wäre sie jetzt hier in Mainz gegenüber Julia und diesem Hochstapler ohne Roberto? Sie empfand das Heftpflaster über ihren Lippen als gar nicht mehr so schlimm. Obgleich es so etwas wie Rachegedanken gab.

»... und in diesem Fall las mein Michael«, hörte sie das Cousinchen Julia dozieren, »hatte er die Spritze auf den rechten Quadranten Nummer zwei zu setzen und in Richtung Darmbeinkamm zu zielen. Er sog den Inhalt der Ampulle in die Spritze, setzte die Kanüle auf, trat in die Küche der Boeing, Corinna stützte sich schon ab auf einem Container, zeigte ihm also nur ... nun, ich sage mal ihre Hinterfront ..., doch sie hatte nicht das Stewardessen-Kleid etwas angehoben und den Slip ein klein wenig nach unten gezogen, nein! Corinna war pudelnackt!«

Roberto Albaneso lachte schallend, Julia über den eigenen Bericht ebenso. Michael und Marion dagegen nicht. Sie sahen sich nur an, und dies eisig.

»Was machte mein Michael?« fuhr Julia triumphierend und immer noch amüsiert fort. »Er gab ihr die Spritze, lief auf den Gang und sagte zu seinen Stewardessen, daß die Küche wieder frei sei!«

Roberto lachte noch fröhlicher, Julia auch, weil die Pointe endlich draußen war, Marions Antlitz aber blieb ein Salz-Gesicht. Was bist du, mein Engel, für ein fieser Angeber! dachte sie. So habe ich dich im Schlafzimmer wirklich mal empfangen, aber das ist schon lange her! Ich schäme mich dessen nicht! Aber daß du aus unseren intimsten Erlebnissen eine Story machst, das nehme ich dir übel! Doch Julia, die Herrin des Hauses, sprudelte weiter: »Das war sein Abenteuer mit Corinna. Ich hatte aber auch eines mit ihm ... Das war vor sechs Wochen. Ich wollte zu dir, Cousinchen!«

»Meinst du mich?« wachte Marion auf.

»Wen sonst? Wir waren verabredet in Darmstadt. Nach dem Tode meines unvergessenen Werner hatte ich zum ersten Mal wieder Farbe auf dem Leib, nicht nur Schwarz, meine ich, es war ja auch ein halbes Jahr her ... ich fuhr also mit dem Taxi zum Hauptbahnhof, um dort in den Zug nach Darmstadt zu steigen, sah in der Halle einen Mann, an dem ich vorüberschritt, obgleich er mich anglotzte ... Michael, bitte entschuldige, aber ein klein wenig hast du schon geglotzt! ... schritt also an ihm vorüber und glaubte auf Bahnsteig vier zu träumen ... denn der gleiche Mann trat mir auf Bahnsteig vier mit einem Riesenbukett gegenüber und sagte, daß er mich seit Wochen verfolgen, daß ich ihm jedoch endlich einmal entgegenkommen würde ... Und dieser Mann sitzt neben mir!«

Marion rechnete und kochte wieder vor Wut, behielt ihr Kinn aber in den Händen: »Sagtest du vor sechs Wochen?«

»Das habe ich dir, Cousinchen, doch schon am Telefon erzählt!«

Marion erinnerte sich. Ja, das hatte Julia. Auch geschwärmt von ihrem Traummann wie sie von ihrem. Es wurde immer ungeheuerlicher. Ihr Hausmann Michael Wolf, dem sie seit über zehn Monaten Aufträge der CICERO-PRESSE zuschob, der an jedem Wochenende in ihrem Bett gelegen hatte, dieser Vertreter der RHEINISCHEN PAPIER-MÜHLE und Chef-Steward der Lufthansa, dieser Hochstapler und Habenichts, dieser Schönling und Potenz-Protz hatte zehn Monate lang immer wieder geschworen, daß sie, Marion Melton, seine einzige Partnerin sei und hatte sich vor erst sechs Wochen die Witwe Julia Bongartz angelacht – danach an jedem Wochenende in Darmstadt fleißig Geschirr gespült, Teppiche gesaugt und Fenster geputzt, es war nicht zu fassen. Die Woche hatte sieben Tage, sagte sie sich, zwei davon hatte er verbracht in Darmstadt, zwei andere in Mainz. Blieben noch drei. Hatte er an diesen drei endlich mal Geld verdient als Vertreter der RHEINISCHEN PA-

PIER-MÜHLE? Sie zweifelte daran. Sie war daran zu wetten, daß es noch eine dritte Frau gab, von der sich dieses Ungeheuer von Mann aushalten ließ. Diesen Verdacht hätte sie ihm am liebsten ins Gesicht geschrien – aber in ihrem Mund saß ein Knebel, und sie respektierte den Knebel um ihrer Zukunft willen.

Doch es kam noch schlimmer. Der Ausbund von Gemeinheit mit dem Namen Michael Wolf schien Julias Gäste von dem Abenteuer auf dem Mainzer Hauptbahnhof ablenken zu wollen – nach Marions Meinung wohl auch zu müssen! –, indem er sich an Roberto Albaneso wandte und diesem ein wortreiches Kompliment über die ›exklusive Armbanduhr‹ aussprach, ein Kompliment für die Rolex.

Marion faßte Roberto beim Arm, wollte antworten statt seiner, suchte nach einer Gemeinheit, die nach ihrer Meinung jetzt fällig war, doch Roberto war in seiner Unschuld schneller:

»Ja, die Uhr ist wunderbar!« strahlte der, zog den Ärmel seiner Jacke hoch und präsentierte die sündhaft teure Uhr Julia und Michael, indem er sie senkrecht über die Schwarzwälder Kirschtorte hielt. »Ein Geschenk von Marion! Ein Talisman bis zum Ende meiner Tage!«

Marion sah Michael an und Michael Marion. Beide wünschten sich in diesem Augenblick gegenseitig auf den Mond. Wer staunte, das war nur Julia: »Sehr apart, wirklich! Irgendwie richtig männlich, finde ich. Aber so etwas hast du doch auch, Michael!«

»Nein!« entfuhr es dem. Marion Melton sandte an diesem Nachmittag zum ersten Mal einen dankbaren Blick über die Kaffeetafel.

Julia ließ nicht locker. Sie schien um ihren Ruf kämpfen zu wollen. Sie ergriff Michaels linke Hand, die ja auch am nächsten war, und meinte enttäuscht: »Heute hast du ja überhaupt keine ...!«
»Meine mußte mal zum TÜV!«
Die Kaffeetafel-Runde lachte und Marion besonders, weil der Gauner Michael Wolf weiterhin mitspielen zu wollen schien. Dennoch wirst du, dachte sie, hier und heute noch eine Gemeinheit von mir hören! Dabei hättest du hundert verdient!
Aber leider war das zuerst einmal Julia, die ihre rehbraunen Augen auf Roberto richtete und ihn auszufragen versuchte: »Haben Sie einen so gefährlichen Beruf, daß Sie einen Talisman brauchen?«
Roberto Albaneso schmunzelte und sprach dann über das Fabrikat jener Autos, die an den Mann oder die Frau zu bringen sein Beruf war. Er machte es nicht langweilig, nein, seinen Job verstand er, die Automarke selbst kam nur einmal vor, doch einmal losgelassen, war er nicht mehr zu bändigen. Den Vergaser schilderte er so blumenreich, als handele es sich um gebändigte Kernenergie, die Radaufhängung pries er, als könne jedes Rad, auch losgelöst von seinen Traum-Autos, noch zehn Kilometer in ein und dieselbe Richtung rollen, so programmiert sei das alles, der Lack würde beständiger sein als die Rinde einer deutschen Eiche, und die Lenkung sei so leicht, daß der stolze Besitzer eines solchen Spitzenprodukts das Lenkrad eigentlich nur mit dem kleinen Finger anzufassen brauchte und die anderen neun Finger frei habe, um damit seine Beifahrerin – bei dieser Schilderung nahm Roberto Albaneso seine Tischdame

Marion Melton, die sich dagegen nicht wehrte, in den Arm – zu streicheln.
Es waren vergnügliche Minuten, die Roberto Albaneso in die Kaffee-Runde einbrachte, seine Zuhörer amüsierten sich ohne Ausnahme, weil es nicht nur der Vortrag eines mit allen Wassern gewaschenen Autoverkäufers war, sondern auch eine Büttenrede für die Mainzer Fassenacht hätte sein können – bis Julia an die Kaffeetafel einen Ernst zurückholte, der Marion gerade recht kam. Denn Julia fragte ihre Cousine in aller Unschuld:
»Sagtest du nicht immer am Telefon, daß dein Traummann ... und Herr Albaneso ist es ja wohl ... Verkäufer für Druckpapiere sei?«
»Julia, du triffst den Punkt!« rief Marion und wurde endlich los, was sie schon seit einer Stunde hatte loswerden wollen. »Den Papier-Heini habe ich rausgeworfen!«
»Einfach so?« wollte Julia wissen, und ihre braunen Augen waren dabei kugelrund.
»Es ging nicht anders!« erklärte Marion. »Meine Wohnung hat er ja einigermaßen in Ordnung gehalten und gekocht hat er auch, dies allerdings mit einigen Abstrichen, doch zu meiner Selbstverwirklichung nie etwas beigetragen. Besteht ein Mensch nur aus Essen? Außerdem war er ein Hochstapler ...«
»Ein Hochstapler?« Julia war entsetzt.
»Ich glaube nicht mehr daran, daß er ein Papier-Vertreter war«, antwortete Marion Melton und sah Michael an, der zu ihrer Wut seine Ellenbogen ebenfalls auf den Tisch setzte, sein Kinn in beide Hände nahm und sie anblickte, als würde ihn der Vorwurf belusti-

gen, »leider gab ich ihm, so großzügig wie ich manchmal bin, vor dem Hinauswurf noch einen fetten Auftrag der CICERO-PRESSE! Doch ab sofort wird meine Druckerei seiner RHEINISCHEN PAPIERMÜHLE keinen einzigen Bogen mehr abkaufen, auch nicht, wenn er Goldschnitt hat! Dafür garantiere ich!«

»Haben Sie solche Macht in Ihrer Druckerei?« hörte sie Michael fragen.

»Es ist nicht meine, sie gehört mir nicht, ich bin da beschäftigt!« antwortete sie gereizt.

»Aber Sie bestimmen, wenn ich Sie richtig verstanden habe ...«

»In diesem Fall ja, Herr Wolf!«

»Mein Kompliment!« lächelte Michael. »Im Gegensatz zu vielen anderen Männern freue ich mich nämlich, wenn auch Frauen eine berufliche Karriere machen ... Was ich aber noch fragen wollte, Frau Melton ...«

»Fragen Sie ruhig! Die Antwort werden Sie bekommen!«

»Eigentlich habe ich kein Recht dazu, denn ich bin ja völlig unbeteiligt«, hörte sie und fühlte sich wie ein Raubtier, das von einem anderen Raubtier, des Jagd-Reviers wegen, schon im nächsten Augenblick angesprungen werden konnte, aber noch wartete sie ab und vernahm: »Was mich jedoch interessieren würde, das wäre, wenn ich Sie und Julia richtig verstanden habe, ob dieser Papier-Heini, wie Sie ihn nannten, oder der Hochstapler, das Wort fiel ja auch, für Sie nicht auch einmal ein Traummann war ...«

Das war für Marion Melton zuviel. Sie sah Roberto an, der gequält lächelte, und zerwühlte, statt zu antworten, ihre schönen glatten Haare und dies so, daß sie nicht wieder wie sonst zurückfielen. Ihr Kopf sah aus, als würde sich jedes einzelne Haar sträuben. Das Resultat ihrer nicht unter Kontrolle stehenden Hände schien sie selbst zu bemerken, empört sprang sie auf, rief noch: »Der Kerl war eine Null! Gegen Roberto Albaneso eine Karikatur von Mann!« und erbat sich dann von Julia mit sanfterer Stimme die Genehmigung, das Bad aufsuchen zu dürfen und ihr – bitte sehr – die Richtung dahin zu zeigen. Julia sprang auf und tat es.

Vor dem Spiegel des Badezimmers und endlich allein fühlte Marion Melton ihren Verdacht bestätigt. Sie hatte einen Struwwelpeter-Kopf. Sie nahm Julias Kamm und entschloß sich, die Wahrheit zu offenbaren. Sie konnte und durfte, dachte sie, nicht mehr so tun, als habe sich zwischen der Bestie Michael Wolf und ihr nichts abgespielt. Die Wahrheit mußte auf den Tisch! Auch wenn die Witwe Julia Bongartz darunter zerbrach! War sie die Hüterin ihrer Cousine? Was blieb, das war einzig Roberto. Aber dem hatte sie in der letzten Nacht, auch schon im ›Treibhaus‹, eine dreiviertel Beichte auf den Teller gelegt. Sie hatte ihm gesagt, daß sie nach seinem Anruf einen Papiervertreter aus dem Haus gejagt habe. Roberto hatte es geschluckt, ihr dabei sogar die Hand gestreichelt. Weshalb sollte er das letzte Viertel der Beichte nicht auch schlucken?

Sollten sich die Männer doch in die Haare kriegen! Roberto war der Stärkere, das stand für sie fest. Roberto würde überleben. Doch sie selbst glaubte nicht mehr leben zu können, wenn sie auch nur noch eine

Minute lang einem Michael Wolf gegenübersitzen müßte, ohne der Kaffee-Runde erklärt zu haben, welch Schuft er war.
Die Frisur saß und die Haare fielen wieder, wie sie den Kopf auch schüttelte. Doch dann hatte sie, wie sie sich später eingestand, den dümmsten Einfall ihres Lebens. Nur, weil es in ihrem rechten Ohr etwas kitzelte, griff sie in eine hübsche Porzellan-Dose, nahm ein Wattestäbchen heraus, um, wie sie meinte, das rechte Ohr von Ohrenschmalz zu säubern, welches nach ihrer Überzeugung die Ursache des Kitzelns sein mußte. Immer noch zornig, wie sie auch wohl sein mußte, damit der Hochstapler Michael Wolf endlich entlarvt werden konnte, fuhr sie das Wattestäbchen in das Ohr hinein, bohrte und trieb es durch das Trommelfell.
Der Schmerz war nicht groß. Ein fauler Zahn plagte ärger. Aber sie hörte nur noch die Hälfte. Wenn sie das gesunde Ohr mit angepreßter Hand zuhielt, hörte sie überhaupt nichts mehr. Dann war sie in einer Stille, die sie noch nie erfahren hatte. Sobald sie dagegen das rechte Ohr zuhielt, in dem es verklingend kribbelte, hörte sie Stimmen von Menschen unten auf der Straße, von fern auch Autogeräusche.
Sie wiederholte die Übungen, doch das Ergebnis war immer dasselbe. Links hörte sie alles, rechts nichts. Und spürte kalten Schweiß, zuerst an allen Haaransätzen, dann auf der Stirn und rund um den Mund. Schweiß der Angst. War sie taub? Hatte sie mit dem Wattestäbchen etwas getan, was nie wieder gutzumachen war?
Im Wohnzimmer unterhielt man sich unterdessen

über das Wetter. Julia beklagte sich über den kühlen und viel zu feuchten Spätsommer, und Roberto Albaneso schwärmte von den sonnenüberfluteten Herbsttagen in Turin, während Michael immer noch über seine Flucht nachdachte, sich aber auch das Kompliment machte, daß er Marion Melton ebenso freche Antworten gegeben hatte wie sie ihm. Hinausgelaufen war sie sogar vor Wut und in der Erkenntnis, ihm nicht mehr antworten zu können! Was, wie er meinte, Julia und der schwarzgelockte Fiat-Verkäufer aber Gott sei Dank nicht bemerkt zu haben schienen, weil die beiden immer noch arglos über das Klima in Deutschland und über das in Norditalien redeten.
Bis Marion Melton wieder da war. Angsterfüllt, wie Michael sie noch nie erlebt hatte. Mit Augen, in denen der blanke Schrecken stand. Mit einer über das rechte Ohr gepreßten Hand:
»Ich höre nichts mehr!«
Die Kaffee-Runde brachte nur »Bitte?« hervor und »Was ist denn los?«
»Ich höre nichts mehr!« stöhnte Marion. »Mein Ohr ist kaputt, und das total!«
Die Bestürzung der drei anderen war es ebenso.
»Du hörst nichts mehr?«
»Wieso denn nicht?«
»Was hast du getan?«
Julias Wohnzimmer war erfüllt von Mitgefühl, Ratlosigkeit und Unverständnis.
»Ich muß mein Trommelfell durchbohrt haben ...«, stöhnte die Chef-Sekretärin der CICERO-PRESSE.
»Mit was?« schrie Roberto Albaneso und sprang auf.
»Mit einem deiner Wattestäbchen!« antwortete die

Verletzte und sah ihre Cousine an und dies nicht ohne Vorwurf.
»Mit diesen weichen Dingern?« empörte sich die Angeklagte.
»Welchen Dingern?« gab die Hörgeschädigte zurück. »Die sind hart wie ein Stielkamm!«
»Bambina, komm doch erst mal zu dir!« mischte sich Roberto ein. »Auf welchem Ohr glaubst du nichts mehr zu hören?«
»Auf dem rechten!« stöhnte Marion.
Roberto nahm die Frau, die erst seit zwei Tagen wieder seine Geliebte war, in die Arme, hielt ihr mit seiner ausgewachsenen Pranke das linke Ohr zu und tönte in das rechte: »Hörst du mich?«
»Hast du was gesagt?«
Roberto dirigierte Julia um den Tisch: »Vielleicht liegt es nur an der Frequenz der Schwingungen ... Frau Bongartz, bitte sagen Sie etwas!«
Julia folgte: »Hat dir die Schwarzwälder Kirschtorte geschmeckt?«
»Ich höre nichts!«
Roberto rief Michael, der sich ebenfalls nicht sträubte: »Ein Hausmann, Frau Melton, muß auch mal Fenster putzen, selbst dann, wenn er Kostgeld zahlt!«
»Was hat er gesagt?« wandte sich Marion an Roberto, und alle waren nach den mißglückten Versuchen davon überzeugt, daß etwas getan werden mußte.
Aber was?
Roberto war dafür, den Notarztwagen zu rufen.
»Der ist für Herzinfarkte da, aber nicht für so etwas!« belehrte ihn Marion.
»Also brauchen wir einen Ohrenarzt!« meinte Julia.

»Heute ist Sonntag!« warf Michael ein. »Auch Fachärzte haben Sonntagsruhe!«
»Dann müssen wir zur Universitäts-Klinik!« rief Julia.
»Warum denn gerade zu der?« entsetzte sich Michael.
»Weil es da eine HNO-Abteilung gibt, für Hals, Nase, Ohren! Bestimmt haben die auch einen Sonntags-Dienst!«
»Dahin fahren wir!« rief Roberto.
»Ja, da muß ich hin!« rief Marion.
Was dann auch geschah. Eine Auseinandersetzung gab es nur noch darüber, welcher der Herren mit welchem Auto fahren solle, und Roberto siegte in diesem Streit, ohne sich dabei anstrengen zu müssen. Voll südländischem Temperament bestand er darauf, daß er – nur er! – seine Bambina Marion zur Universitäts-Klinik fahren müsse, leider auch darauf, daß er einen Lotsen brauche, weil er in Mainz zum ersten Mal in seinem Leben sei. Michael wehrte sich mit allen Klauen, doch Julia schubste ihn mit Argumenten – »Bitte, tu es mir zuliebe!« – und auch körperlich, indem sie ihn in die Diele schob, und Michael gab, wie so oft in seinem Leben, wieder einmal nach. Die Hausherrin selbst lehnte dagegen eine Mitfahrt ab, weil sie doch die Kaffeetafel abzuräumen, das Geschirr zu spülen und auch sonst noch etwas zu tun habe.
Danach saß Michael in einer italienischen Karosse, er saß neben Roberto Albaneso, hinten wimmerte Marion. Wieso jetzt noch Flucht? dachte er. Die Sache war doch gelaufen! Das Untier Marion Melton wurde ins Krankenhaus gefahren, wo sie wohl auch bleiben

würde, und Julia wußte von nichts, konnte noch nichts wissen. Warum sollte er jetzt schon flüchten?
Von seinen eigenen Gedanken zur Beruhigung gebracht, lotste er Herrn Albaneso durch Mainz, befahl ihm am Hauptbahnhof nach rechts über die Gleise zu fahren, dann wieder nach rechts in eine 180-Grad-Kurve und stand bald darauf mit Roberto und Marion vor der Schranke des Klinikums der Johannes-Gutenberg-Universität. Es war die Hauptpforte. Michael kannte sie. Denn gleich an diesem Eingang erhob sich der zehnstöckige Bau der Augenklinik, die er kürzlich zweimal in einer Nacht hatte besuchen müssen. Natürlich dachte er an Stefanie. Doch die hörte im Augenblick sicher Radio Luxemburg.
Der Pförtner trat vor geschlossener Schranke zum Fahrer, Roberto Albaneso kurbelte das Fenster hinunter und sagte, daß hinten in seinem Auto ein Notfall sitze und er zu wissen wünsche, wo die HNO-Klinik zu finden sei.
»Die ist da drüben gleich über der Augenklinik!« zeigte der Pförtner. »Aber Sie dürfen hier nicht parken! Ausnahmsweise erlaube ich Ihnen, dort drüben zu halten und den Notfall auszuladen, aber danach haben Sie das Gelände der Uni-Klinik sofort zu verlassen! Falls Sie es nicht tun, muß ich den Abschleppdienst rufen! ... Haben Sie mich verstanden?«
Roberto Albaneso nickte, die Schranke hob sich, und sein Auto scherte ein auf den für Taxis vorbehaltenen Streifen, während Michaels Blutdruck eine kritische Höhe erreichte. HNO über der Augenklinik! Und Parkverbot! Im Klartext hieß das doch, daß dieser Albaneso mit seinem Fiat sofort das Weite suchen und

er mit der Chef-Sekretärin der CICERO-PRESSE, diesem Ausbund von Weib, mit dem Lift an jenem Stockwerk vorbeifahren mußte, in dem Stefanie lag. Konnte das gutgehen? Was, wenn die quirlige Tochter einer Dagmar Eulich-Sturm in diesem Bau irgendwo herumstreunte? Eine solche Begegnung erschien ihm noch schlimmer als die heute um sechzehn Uhr, da Marion Melton an Julias Kaffeetafel getreten war.
»Herr Wolf«, hörte er von links, während der Motor erstarb, »haben Sie gehört, was der Pförtner gesagt hat? Ich wäre Ihnen zu größtem Dank verpflichtet, wenn Sie Frau Melton schon einmal zum Notarzt bringen würden ... Bambina, bist du einverstanden?«
»Was bleibt mir denn übrig?« zischte es von hinten.
»Beim Autoabschleppen gibt es immer Schäden!« rief Roberto Albaneso fast schon erleichtert. »Ich suche mir draußen einen Parkplatz, auch wenn er mir eine Knolle kostet, und bin dann sofort da!«
Michael stieg aus, öffnete die Tür für Marion, bot ihr seinen Arm an, den sie aber ignorierte. Der Fiat fuhr aufheulend zurück und aus der Universitäts-Klinik davon, wogegen Michael und Marion die Eingangshalle der HNO- und Augenklinik betraten, vorbeischritten an männlichen und weiblichen Bademantel-Typen, die Augen- und Ohrenklappen trugen, manche auch eine verklebte Nase, und die telefonierten, vor den Telefonen anstanden oder auch nur gelangweilt dasaßen und rauchten.
»Der Lift ist da links!« sagte Michael und zog schüchtern an einem Arm der ihm Anvertrauten.
»Woher weißt du das?«
»Das habe ich dir vorgestern erzählt!«

»Richtig! ... Dann kannst du ja das arme Mädchen auch gleich besuchen!«
»Darauf habe ich keinen Bock!«
Im Lift wurde die Unterhaltung härter, denn beide waren in dem Stahlkasten allein.
»Ich nannte dich mal ›Engel‹! Aber du bist ein Teufel! Nie hätte ich dir das zugetraut! Du hast mich betrogen!«
»War Herr Albaneso kein Betrug?«
»Der war vor dir! Außerdem stapelst du hoch! Chef-Steward der Lufthansa! Daß ich nicht lache! Einsame Frauen nimmst du aus! Nur darin bist du Chef!«
»Habe ich dir je eine müde Mark abgenommen?«
»Du bist ein Betrüger!«
»Du hast einen fiesen Charakter!«
»Dein Charakter ist bodenlos gemein! Außerdem bist du widerwärtig stereotyp! Jeder Frau schwärmst du etwas von Quadranten vor!«
»Wenn ich deine gestreichelt habe, warst du high!«
Marion war daran zu explodieren, aber der Lift hielt. Programmiert auf den 5. Stock. HNO-Aufnahme. Im Treppenhaus wurde Michael noch getroffen von wütenden Blitzen aus hellblauen Augen, doch dann dachte die, die er in Vertretung zu betreuen hatte, wirklich nur noch an ihr Trommelfell.
Im Stationszimmer gab es eine Schwester, die sich anhörte, was Frau Melton zugestoßen war und die ihr bedeutete, draußen auf dem Gang Platz zu nehmen, weil es etwas dauern würde, bis der Arzt vom Dienst erscheinen könne. Denn schließlich sei Sonntag.
Michael und Marion setzten sich auf zwei der vielen Stühle des langen Ganges, wo nochmals ein Dialog

stattfand, diesmal aber leise und aus zusammengepreßten Zähnen:
»Du hast mit mir geschlafen und gleichzeitig mit Julia! Mit wie vielen anderen noch?«
»Eheliche Treue haben wir nie vereinbart, sondern nur Partnerschaft, und das auf deinen Wunsch!«
Dann war Schweigen. Weil beide die Schwester telefonieren hörten, die Rettungsaktion nicht stören wollten und sich selbst auch nicht. Beide dachten für sich, dachten dasselbe. Wegzukommen von dem anderen. Denn es zog. Und Marion hatte als erste den Mut, ihre Erkenntnis auszusprechen: »Nett, daß du mich hergebracht hast, aber ich glaube, daß Julia dich dringender braucht! Ich hätte nichts dagegen, wenn du gingest, um sie zu trösten! Mein Roberto wird bestimmt gleich hier sein ...«
Michael hatte seine Entlassungsurkunde vorgelesen bekommen, er stand auf, streckte seine Rechte aus, um den Abschied zu besiegeln, doch Marion rührte keinen Finger. Michael zuckte die Schultern, sagte noch: »Alles, alles Gute ... damit du wieder richtig hörst ...!«, ging zum Lift und ließ sich hinunterfahren in das Gewimmel der Universitäts-Patienten, die in ihren Bademänteln und mit Augenklappen und mit Verbänden um Hals, Nase, Ohren Besucher empfingen und auch verabschiedeten und immer noch telefonierten.
»Wo ist Marion Melton?« hörte er und fühlte im gleichen Augenblick eine schwere Hand auf seiner Schulter. Es war Roberto. Michael führte ihn zum Lift: »Sitzt auf dem Gang im 5. Stock und wartet auf den Sonntags-Arzt!«

Er schob den Auto-Starverkäufer in den stählernen Kasten und sah daraus eine Frau in den besten Jahren springen, die ein schwarzes Lederkleid trug, das am Hals züchtig geschlossen war, Arme und Beine aber nackt ließ und so hauteng war, daß auch kleinste Kurven nicht erst erahnt werden mußten.

»Micha!«

Michael brachte die unerwartete Begegnung etwas durcheinander. Seelisch hatte er sich auf Stefanie vorbereitet, nicht auf die Mutter. Er winkte dem schwarzgelockten Roberto zu, bis die Türen des Lifts geschlossen waren. Erst dann gestattete es ihm die Moral, eine Dame in schwarzem Leder zu umarmen.

»Schatz!«

»Wolltest du Stefanie besuchen?«

»Ich war dabei ...«

»Das ist wirklich nicht mehr nötig! Schon morgen wird sie entlassen! Mein Gott, ist das ein Glücksfall! Auch, daß du schon aus Bremen zurück bist!«

»Ja, ich habe mich beeilt ...«

»Dann können wir gleich nach Heidelberg fahren!«

»Nach Heidelberg?«

»Willst du hier vierundzwanzig Stunden lang auf Stefanies Entlassung warten?«

In seinem Innern sträubte sich Michael noch gegen die Schicksalswende. Was war in den letzten zwei Stunden nicht alles passiert! Ein Sonntag war doch der Muße gewidmet! Doch trotz Wende fühlte er sich weiter im Streß, weil er von den nackten Armen einer Dame im aufreizenden Lederkleid beklopft und gestreichelt wurde mitten in einem Haufen von Patienten und Rekonvaleszenten der Augen- und HNO-

Klinik, die ihn und Dagmar anstarrten, sich aber auch amüsierten.
»Könnten wir uns vielleicht draußen nicht besser unterhalten?« flüsterte er in ein Ohr unter braunen Locken.
»Verzeih mir!« antwortete Dagmar, ließ ihre bronzefarbenen Arme sinken, schulterte die Riemen ihrer Tasche, zog an Michaels Ärmel und führte ihn ins Freie.
Michael ließ sich führen. Was vor ihm unter glänzendem Leder Falten warf oder auch schwellte, reizte ihn, natürlich reizte es ihn. Aber konnte er sich einfach so verkrümeln? Weggehen von Julia, ohne sich zu verabschieden?
»Bist du mit deinem Jaguar hier?« hörte er, als sie die Pforte durchschritten.
»Heute nicht ...«
»Wunderbar!« frohlockte Dagmar. »Dann fahren wir mit meinem Porsche!«
»Aber ich habe keinen Koffer, keinen Anzug, kein Hemd und keinen Slip!« widersprach er.
»Micha, das hast du doch alles bei mir hängen und liegen!«
»Auch keinen Rasier-Apparat!«
»Mein Gott, dann nimmst du mal den von mir!« belustigte sich Dagmar.
Michael war über das Angebot nicht sonderlich erstaunt. Er hatte wieder im Ohr, was ihm in der letzten Woche in Heidelberg wenn nicht präsentiert, so doch aber, weil Stefanie gestört hatte, wortreich geschildert worden war, auch das Zitat eines Professors der Chirurgie, der in seiner Suppe keine Haare haben

wollte. Michael sah das schwarze Lederkleid etwas verhüllen, was überhaupt nicht mehr verhüllt wurde.
»Er steht da drüben!« rief Dagmar Eulich-Sturm und zeigte auf den Parkplatz jenseits der Straße.
»Wer?«
»Mein Wagen!«
So schnell ging das aber nicht. Die Fußgängerampel zeigte erst einmal Rot. Michael benutzte die Pause, in die Augen einer Katze zu sehen, die, wenn er die Schleier richtig deutete, heute nicht nur gestreichelt zu werden wünschte. Im Grunde war er bereit, aber da war doch noch Julia!
»Stefanie wird morgen um zehn Uhr entlassen«, hörte er, als endlich Grün gekommen war und sie die Straße zum Parkplatz überquerten, »das hat mir die Stationsschwester versichert ... keine Minute früher, meine ich. Bis dahin können wir über Tisch und Bänke springen. Daß wir uns trafen, war eine Sternstunde!«
Dann waren beide an dem Porsche angelangt, der schwarz gelackt war wie das Kleid, und Frau Eulich-Sturm, strotzend von Vitalität – Michael berichtigte seine Gedanken, während der wenigen Sekunden, die er zu warten hatte, bis die Beifahrertür offen war, denn sie war mehr gebündelte Triebhaftigkeit –, sagte kurz: »Nun komm schon!«
Er stieg ein, der Wagen fuhr temperamentvoll rückwärts, kurvte auf die Straße, war nach zwei Minuten schon am Hauptbahnhof und nach zehn weiteren auf der Brücke über den Rhein.
Michael erschien der breite Strom wie eine Grenze, die er überfuhr. War das eine Entführung, oder war

das eine Flucht? Auf jeden Fall überschritt er eine Grenze, hinter der es kaum ein Zurück gab. Denn ewig würde der schwarzgelockte Roberto Albaneso nicht bei der fiesen Marion bleiben können, dann hatte Marion Zeit, mit Julia zu telefonieren und damit auszupacken. Liebste Julia, dachte er, wie wirst du das verkraften? Nebenbei dachte er freilich auch an den Jaguar, an seine Anzüge und seine Wäsche. Auch die Lufthansa-Uniform hing noch in Mainz!

»Micha, so schweigsam warst du noch nie, wenn es in das Heia-Bettchen ging!« unterbrach die Porsche-Fahrerin seine Gedanken, als die Rheinbrücke hinter ihnen lag und die Autobahn nach Heidelberg vor ihnen. »Stell dir vor, wir hätten uns nicht getroffen! Ich wäre mutterseelenallein nach Haus gefahren, du hättest Stefanie besucht und dich gelangweilt ... bitte widersprich mir nicht! ... und wärest, wie du es in Bremen angekündigt hast, erst morgen, denn du willst ja immer nicht stören, in Heidelberg eingetroffen, wogegen ich aber in Mainz gewesen wäre, um Stefanie abzuholen, und dann hätten wir diesen Balg ... diese, meine schöne Tochter sofort wieder auf dem Hals gehabt! Manchmal überlege ich, ob ich sie nicht auf ein Internat tun sollte ... nicht, um mehr Freiheiten zu haben, nein, das ist es nicht allein ... aber sie ist mir ein zu sehr verwöhntes Einzelkind, das anfängt, über ihre Umgebung zu bestimmen, im Internat würde sie dagegen lernen, daß auch einmal über sie bestimmt werden würde ...«

Michael hatte zugehört und sie, die auf der linken Autobahnspur jedes andere Auto überholte, auch angesehen. Die braunen Haare, die Wangen, die Nase,

den Mund und auch die Schenkel, über die das Lederkleid hochgerutscht war. Er legte seine linke Hand auf ein nacktes Knie.
»Micha, ich empfinde deine Hand als eine lange nicht genossene Wohltat, bitte glaub mir das, aber ich muß mich konzentrieren, der Tacho steht auf einhundertfünfundachtzig!«
Spontan zog Michael seine Hand zurück. Was er gefühlt hatte, das hatte ihn die übertretene Grenze fast schon vergessen lassen, doch sterben wollte er noch nicht. Sicher war es reizvoll, in ein Heidelberger Heia-Bettchen gefahren zu werden, aber gab er damit das Doppelbett in Mainz nicht für alle Zeiten auf? Er blickte auf schwarzes Leder, nackte Arme und nackte Schenkel, und sah in Gedanken blonde Stoppeln und eine Korallenkette, die nach den Gesetzen der Schwerkraft auf ein Bettuch gefallen war. Marions Hausmantel versuchte er dagegen zu verdrängen, selbst die durch den Schlitz erreichbaren Quadranten. Bei der Chef-Sekretärin der CICERO-PRESSE hatte er die Zelte abgebrochen. Mit der war es aus. Aber doch nicht mit Julia! Konnte er einfach so tun, als habe ihn der Erdboden verschluckt?
»Schatz ...«
»Ja?« antwortete Dagmar und bediente die Lichthupe, um eine Familienkutsche von der linken Spur zu scheuchen.
»Noch zwei Kilometer«, sagte er, »dann sind wir in Büttelborn, wie du eben gelesen haben wirst. Bitte fahr da auf den Parkplatz, ich muß telefonieren, und zwar mit dem Hotel, in dem mein Koffer steht!«
»Wolltest du in Mainz übernachten?«

»Aus Bremen habe ich dich angerufen und mich angekündigt für Montag, da kann ich doch nicht ...«
»Micha, das begreife ich nicht! In Heidelberg ist dein Zuhause! Da kannst du erscheinen auch um zwei Uhr nachts!«
»Schatz, ich weiß, ich bin ein Pedant, ich komme nie eine Sekunde zu spät, eher zehn Minuten zu früh, aber doch nicht gleich einen ganzen Tag zu früh! Du könntest ja einen Hausfreund haben...«
»Willst du mich beleidigen?«
»Es war nicht so gemeint! Aber bitte halte auf dem Parkplatz! Ich muß zu meinem Koffer kommen, auch zu meinem Auto!«
Das letzte Wort schien bei Dagmar anzukommen. Das verstand sie. Sie reihte sich in die rechte Spur ein, drosselte die Geschwindigkeit und ließ den Porsche zum Eingang der Raststätte Büttelborn rollen.
Michael sprang aus dem Wagen und wählte kurz darauf auch schon die ihm bestens bekannte Telefonnummer.
»Bongartz ...«
»Julia!«
»Michael! Wo bist du? Rufst du von der Uni-Klinik an? Was ist mit Marion und ihrem Ohr?«
»Schatz, drei Fragen auf einmal kann ich nicht beantworten! Fangen wir hinten an ... Herr Albaneso mußte erst einen Parkplatz für sein Auto finden. Ich blieb bei deiner Cousine, stand ihr sozusagen bei, bis er einen gefunden hatte ...«
»Dafür danke ich dir sehr, Michael! Und wie geht es ihr?«
»Solange ich bei ihr war, wartete sie noch auf die Un-

tersuchung. Doch dann war, wie gesagt, ihr Traummann da, und ich konnte endlich meine Dienststelle anrufen...«

»Warum das denn?«

»Dazu bin ich verpflichtet, denn heute ist Sonntag, und sonntags bin ich, wie du weißt, in der Regel im Dienst. Wegen der Bauchlandung hatte ich nur Freizeit auf Abruf. Und ich erfuhr, daß ich kurz nach Kairo zu fliegen habe, und zwar ab Rhein-Main um 18 Uhr 35 ...«

»Das darf doch nicht wahr sein!«

»Schatz, es ist ...«

»Dann sehen wir uns heute nicht wieder?«

»Ich bedauere es ebenso! Aber ich muß nach Kairo! Mein Anstellungsvertrag verpflichtet mich dazu! Darüber kann ich nicht hinweg!«

»Michael, warum fliegst du eigentlich immer noch? Das hast du doch nicht nötig! Ich habe mein Geld wirklich gut angelegt, von den Erträgen könnten wir beide herrlich leben, ohne daß du immer über den Wolken schwebst und dann eine Bauchlandung machst! Warum fliegst du noch?«

»Weil ein Mann einen Beruf braucht, einen richtigen! Nie könnte ich mit einer Partnerin ...«

»Partnerin?«

»Lebensgefährtin wollte ich sagen! Nie könnte ich mit dir leben, wenn du mir jede Unterhose kaufen müßtest!«

»Nun ja, das verstehe ich ...«, seufzte es am anderen Ende, »aber wo bist du jetzt?«

»Auf der Autobahn zum Airport! Ich spreche über das Auto-Telefon eines Taxis, dessen Fahrer immer vielsagend lächelt, wenn ich ›Schatz‹ sage. Wie findest du das?«

»Der Mann hat keine Lebensart! Ein Extra-Trinkgeld würde ich dem nicht geben! Wann bist du aus Kairo zurück?«

»Ich denke so wie immer, am Dienstag vierzehn Uhr...«

»Dann drücke ich dir bis dahin die Daumen! Achte auf den Kapitän, damit der keine Dummheiten macht!«

»Werde ich. Tschüs!«

Michael legte auf, jetzt war ihm leichter. Natürlich war es kein Abschied, wie er ihn sich vorgenommen hatte. Aber ihm fehlte nun einmal die Begabung für Dramatik, erst recht für tragische Zungenschläge wie »Ich muß dir gestehen, daß ich dich betrogen habe« oder »Von deiner Cousine wirst du erfahren, welch schlechter Mensch ich bin« oder gar: »Ich weine, aber es ist aus!«

Solche Sätze konnte er, so sehr er sich auch bemühte, einfach nicht aussprechen. Wieder einmal hatte er sich in seinem eigenen Stil verabschiedet, alles offengelassen, Hoffnung gepflanzt für die sorgende Partnerin und auch für sich. Denn das Schicksal, das hatte er nun oft genug erfahren, ging oft krumme Touren.

Als er wieder in den Porsche stieg, drückte Dagmar, deren Leder noch etwas höher gerutscht zu sein schien, gerade ihre Zigarette aus: »Hast du das Hotel erreicht?«

»Ja!« antwortete er. »Das gebuchte Zimmer muß ich zwar für eine Nacht bezahlen ... aber zahlen muß man ja immer, für alles, was man tut, meine ich ... doch mein Koffer ist sichergestellt!«

»Dann können wir also weiterfahren!?«

»Und zwar ins Heia-Bett!« rief er und gab einer davon durchaus nicht schmerzlich Überraschten den ersten richtigen Kuß des Tages. Seit Julias ›Tschüs‹ fühlte er sich fähig dazu, und zu noch ganz anderem. Aber erst einmal fühlte er Zähne auf seiner Zunge und eine andere Zunge auf seinen Zähnen. Sein Hals wurde umklammert von nackten Armen, wogegen seine Hände schwarzes Leder kneteten, auch einen bronzefarbenen Schenkel, und dies so hoch, wie es höher nicht mehr ging. Es war ein gegenseitiges Ansichreißen und ein gegenseitiges Sichgeben. Die Atemstöße wurden keuchend, die Worte unverständlich. Es drängte. Über Dagmars Rücken jagten Schauer, nicht mindere über die Wirbel Michaels. Es war, als könnten beide ihre Erleichterung auch nicht für nur fünf Minuten aufschieben. Ihre Sinne flatterten. Dagmar versuchte sich an dem Hebel für den Liegesitz, Michael ebenso, doch beider Versuche blieben Gott sei Dank erfolglos, denn schließlich standen sie auf dem Parkplatz einer Autobahn-Raststätte. Dies am hellen Tag! Wenngleich die Porsche-Scheiben so getönt waren, daß man eher hinaus-ls hineinsehen konnte, vermochten Vorbeigehende doch gewisse Bewegungen zu erkennen, die an Eindeutigkeit nichts zu wünschen übrig ließen.

Michael erkannte die Gefahr zuerst. Wenn es drauf ankam, machte er alles mit und dies mit Vergnügen, aber Aufsehen erregen, das wollte er nie, das war ihm zuwider. Weshalb er sich – auch in einem Anflug

schlechten Gewissens – von saugenden Lippen löste, ebenso von nackten Schenkeln und dann, noch braune Haare kosend, ein Geständnis hervorstieß, das nach seiner Meinung überfällig war, daß er es nämlich heute versäumt habe, sich nach den Tagespreisen für Silber an den Börsen von Zürich, Chicago und Tokio erkundigt zu haben.
Dagmar Eulich-Sturm bäumte sich auf, zog, so weit dies ging, schwarzes Leder bis zu den Knien und ließ den Motor an.
»Was soll ich denn mit Silber? Jetzt geht's nach Heidelberg! Silber ist mir egal!«

»Sie können davon ausgehen, daß Ihr Trommelfell wieder zuwachsen wird«, sagte im gleichen Augenblick der Arzt vom Dienst in der Mainzer Universitäts-Klinik zu Marion Melton, nachdem er ihr eine Standpauke über den irrsinnigen Gebrauch von Wattestäbchen gehalten und sie eingehend untersucht und behandelt hatte. Zum Abschluß des kleinen operativen Eingriffs schnalzte er leise mit der Zunge. Marion riß den Kopf herum.
»Das habe ich gehört!«
»Was zu beweisen war!« lächelte der HNO-Spezialist.
»Bin ich etwa schon geheilt?«
»Für Wunder sind wir hier nicht zuständig! Geheilt werden Sie erst in zirka sechs Wochen sein. Ich habe Ihnen heute nur etwas Zigaretten-Papier ins Ohr geklebt ...«
»Bitte?«
»Zigaretten sind vom Teufel, doch Zigarettenpapier manchmal nützlich. Wo wohnen Sie?«

»In Darmstadt.«
»Da gibt es HNO-Ärzte in jeder Menge! Morgen, spätestens übermorgen müssen Sie einen davon aufsuchen und sich weiter behandeln lassen. Bis dahin gilt folgendes: Schwimmen verboten, Wannenbäder verboten, Duschen verboten ...«
»Aber Herr Doktor!« Marion Melton stieg vor Entsetzen vom Behandlungsstuhl in die Höhe.
»... Haare waschen verboten, Waschen der rechten Gesichtshälfte verboten! Tupfen Sie Ihr Gesicht etwas feucht ab, das genügt vollkommen! In Ihr Ohr darf vier Wochen lang kein einziger Tropfen Wasser gelangen!«
»Dann werde ich anfangen zu riechen!«
»Besser stinken als taub! Sollten Sie noch andere Wattestäbchen in Ihrer Wohnung aufbewahren, dann werfen Sie diese noch heute in den Müll!«
Marion hörte wieder auf dem rechten Ohr, aber sie erlitt einen Schock. Täglich wusch sie ihre Haare, täglich stand sie ein- oder zweimal unter der Dusche, in der Woche zweimal aalte sie sich im Schaumbad – das alles war jetzt gestrichen? Roberto wollte noch bis morgen mittag bleiben! Benommen von der Aussicht auf eine ekelhafte Zukunft sah sie mit an, wie der Arzt ein Formular ausfüllte, es in einen Umschlag steckte, diesen zuklebte, und hörte dann: »Das geben Sie spätestens übermorgen, also am Dienstag, dem Arzt Ihrer Wahl! Alles Gute!«
Damit war er draußen.
Sie war etwas später auf dem Gang, wo Roberto Albaneso aufsprang und auf sie zueilte.
»Was hat der Arzt gesagt?«

Marion winkte ab wie eine, der gerade bescheinigt worden war, nie wieder Freude am Leben haben zu können.

»Er konnte dir nicht helfen?«

»Das schon, aber die Katastrophe ist komplett!«

»Das verstehe ich nicht«, meinte Roberto und sagte das gleiche, nur etwas lauter, in ihr rechtes Ohr.

»Schrei nicht so!« empörte sie sich, und ihr Gesicht war dabei schmerzvoll verzerrt.

»Dann hörst du also wieder!« schloß Roberto aus der Reaktion. »Dann ist doch alles gut!«

»Eben nicht!« widersprach sie. »Aber jetzt erst einmal weg von hier!«

Danach standen im Treppenhaus Roberto Albaneso voller ungelöster Rätsel, Marion Melton voller Niedergeschlagenheit. Endlich kam der Lift, Roberto drückte ›Ausgang‹, doch bevor er mit seiner Bambina ins Gespräch kommen konnte, hielt der Lift schon wieder. Herein sprang ein knackiger Teenager mit braunen Haaren, einem silbern glänzenden, zackigen Halsreif und in verblichenen Jeans, der sich irgendwie befriedigt an die Lift-Wand lehnte und die weißen Jogging-Schuhe fast in der Mitte des Kastens zu stehen hatte. Roberto nahm an dem Mädchen keinen Anstoß, zumal er Wichtigeres zu denken hatte als über das Benehmen junger Leute.

»Bambina!« fing er an. »Bis vor einer Stunde warst du rechts noch absolut taub! Jetzt hörst du wieder! Warum sagst du dazu Katastrophe?«

»Weil ich mich vier Wochen lang nicht waschen darf! Auch die Haare nicht! Nicht ein Tröpfchen Wasser darf in mein Ohr kommen! Wahrscheinlich deshalb nicht, weil dann das Zigarettenpapier aufweichen würde ...«

»Zigarettenpapier?«

»Das hat der Arzt auf mein Trommelfell geklebt! Bei so einem kleinen Loch, sagte er, wäre das die beste Methode!«

»Dann wird es auch stimmen, Bambina! Dann können wir doch froh sein!«

»Mit ungewaschenen Haaren?«

»Das ist doch nicht schlimm! Schau! Morgen mittag muß ich sowieso schon wieder nach München!« versuchte Roberto sie zu beruhigen.

»Deine Anteilnahme ist ergreifend!« zischte Marion. »Aber wenn ich dich noch um etwas bitten darf ...«

»Um alles, Bambina!«

»Dann ist es, meine Cousine anzurufen und ihr zu sagen, daß wir auf den Rest ihrer Konsum-Torte verzichten und wegen meiner Operation sofort nach Hause fahren müssen!«

»Ich bin ihr fremd, wäre es nicht besser, wenn du selbst ... ?«

»Bitte tu du es! Ich bin so geladen, daß ich ihr etwas über ihren Traummann sagen würde, diesen Michael, diesen Herrn Wolf, diesen Chef-Steward der Lufthansa! Das würde ihr weh tun und mir – zum Teufel noch mal – auch! Bitte tu du es!«

Der Lift hielt. Das Mädchen in den fast weißen Jeans und mit dem zackigen Halsreif gab den Schulterblättern einen Schubs und war schon draußen, wogegen Marion und Roberto in einer dem Ort angemesseneren Gangart zum nächsten Telefon schritten.

In einer Entfernung von nur zwei Schritten bewacht,

erledigte Roberto den ihm erteilten Auftrag korrekt. Er dankte Frau Bongartz für die exklusive Bewirtung, daß Kaffee und Torte außerordentlich und der ganze Nachmittag richtig gemütlich deutsch gewesen sei, er berichtete voller Anerkennung für die Zigaretten-Papier-Methode über die Behandlung der Cousine, bat um Verständnis, daß unter diesen Umständen und weil es ja auch schon so spät sei, die Kaffeetafel nicht fortgesetzt werden könne. Er erfuhr, daß die Tafel ohnehin aufgehoben sei, weil Herr Michael Wolf einen Anruf der Lufthansa erhalten habe und in einer Stunde nach Kairo starten müsse. Roberto Albaneso bedauerte dies sehr, bedankte sich nochmals und wünschte seiner Gesprächspartnerin einen schönen Abend.

»Und?« fragte Marion, als er den Hörer aufgelegt und die Plastik-Muschel verlassen hatte.

»Was ich gesagt habe, hast du ja gehört ...«

»Allerdings! Und was sagte sie?«

»Sie wünscht dir eine baldige Genesung, bedauert den Abbruch unseres Besuches sehr, ist aber einsichtsvoll, zumal ihr Freund ebenfalls abberufen worden ist ...«

»Von wem?«

»Von der Lufthansa. Er muß noch heute abend nach Kairo fliegen ...«

Marion schnitt eine höhnische Grimasse: »Zu einer Bauchtänzerin?«

»Bambina, das traue ich diesem Michael Wolf nicht zu! Er ist Chef-Steward! Was soll er denn machen, wenn er von seinem Arbeitgeber gerufen wird? Ich springe auch, wenn es einen Fiat zu verkaufen gibt,

und sei's an einem Sonntag! Er imponiert mir! Ich finde ihn clever!«
»Ich abscheulich!«
»Warum?«
Marion Melton winkte wieder ab und dies voller Verachtung, dirigierte ihren Partner durch die Hauptpforte auf die Straße, wo Roberto die Führung zu seinem verkehrswidrig abgestellten Fiat übernahm. Irgendeinen behördlichen Zettel unter dem Scheibenwischer gab es nicht – ab ging die Fahrt nach Darmstadt.
Die Unterhaltung war spärlich. Roberto erging sich in Allgemeinheiten, Marion sagte mal ja oder auch mal nein, weil sie hauptsächlich über Hygiene nachdachte. Auch darüber, ob sie nicht, zumindest aus verwandtschaftlicher Rücksicht, verpflichtet sei, Julia die Augen zu öffnen. Anruf der Lufthansa! Kairo! Der gefallene Engel Michael Wolf war doch nur ausgekniffen, um Manna bei einer Dritten, Vierten oder Fünften zu schlecken! Ab heute traute sie ihm alles zu. Natürlich würde sie von Julia zuerst einmal ausgelacht werden, das war ihr klar. Julia würde fragen, welche Beweise die smarte Cousine für ihre ungeheuerlichen Behauptungen denn auf den Tisch legen könne. Dies war das Dumme an der ganzen Sache. Denn Beweise gab es, nur Marion konnte sie nicht präsentieren ...
Freilich könnte sie am Telefon sagen: ›Liebes Cousinchen, dein Traummann lag zugegeben an jedem Dienstag und Mittwoch in deinem Bett, aber an jedem Wochenende auch in meinem!‹ Doch wäre dies klug? Die volle Wahrheit auszupacken, das wußte die

Chef-Sekretärin der CICERO-PRESSE auch aus geschäftlichen Verhandlungen, war nicht immer beiden Seiten dienlich. Wahrheiten konnten vernichten – den, der sie vernahm, und den, der sie aussprach.
Zu beiden Seiten der Autobahn wischte hoher Kiefernwald vorüber, und Roberto kam ins Schwärmen. Daß ihn die Kiefern an Pinien erinnern würden, an sein Italien, wo es aber leider keine so großen Wälder geben würde, was für ihn auch ein Grund gewesen sei, in München zu arbeiten, von wo aus doch die Voralpen mit ihren grünen Matten und den dunklen Tannen, ein gutes Auto vorausgesetzt, in einer halben Stunde erreichbar seien.
Marion sagte »So?« und hatte die Frage auf den Lippen, ob er mit ihr nach der Hochzeit vielleicht auch auf Berge zu klettern gedenke, ließ den Mund aber zu. Nie hätte der Teufel Michael, davon war sie überzeugt, sie zu so obskuren Unternehmungen aufgefordert! Romantische Naturvergötterung war bei dem nicht drin. Der war zwar ein tüchtiger Hausmann, doch weitergehende Anstrengungen, außer im Bett, hatte er, wenn ihr Gedächtnis stimmte, immer gemieden.
Hausmann!
Gestern, bevor sie ihn rausgeworfen hatte, hätte sie ihn wegen des Putzeimerchens fast verspottet. Heute sah sie die Dinge in einem etwas anderen Licht. Denn heute morgen hatte Roberto auf dem Frühstückstisch alles stehen und liegen gelassen und es offenbar als Selbstverständlichkeit empfunden, daß sie, die Geliebte und zukünftige Ehefrau, Teller und Tassen abgeräumt und in der Küche gespült hatte. Oh, es gab

schon Unterschiede! Aber Michael war ein Betrüger, und dabei blieb sie. Und Julia mochte mit ihm glücklich werden oder unglücklich. Was ging das sie an? War sie Hüterin ihrer Cousine?
»Ich freue mich schon auf das übernächste Wochenende!« unterbrach Roberto ihre Gedanken. »Dann wirst du bei mir in München sein ...«
»Als Stinktier?«
»Bambina!« Roberto spielte nicht den Empörten, er war einer. Für Augenblicke warf er seinen Kopf herum und legte seine Rechte auf ihr Knie.
Marion befreite es: »Bei deinem Tempo gehören beide Hände aufs Lenkrad! Das mit München hatten wir verabredet, bevor ich mein Ohr durchbohrte. Ich glaube nicht, daß ich kommen kann ...«
»Nur, weil du glaubst, dich nicht waschen zu können? Das ist doch Unsinn! Du nimmst einen Wattebausch, tränkst ihn mit Öl, am besten mit Olivenöl, stopfst ihn in dein Ohr und kannst, dafür garantiere ich, unter einen Wasserfall treten, ohne daß ein Tropfen Wasser dein Trommelfell berührt!«
»Dafür aber ein Tropfen Öl, vielleicht ist der noch schlimmer! Roberto, ich glaube nicht, daß ich in vierzehn Tagen werde kommen können.«
»Wann dann?«
»Ich weiß es nicht ... Mit ungewaschenen Haaren fahre ich auf keinen Fall! Ich könnte mich zerreißen! Aber sprechen wir nicht mehr darüber!«
Danach sprachen sie nicht nur nicht mehr darüber, was einem Trommelfell alles zustoßen konnte, sie sprachen überhaupt nicht mehr. Sie waren verstimmt.

In Heidelberg konnte zu dieser Zeit von Verstimmung keine Rede sein. Marion Meltons Verdacht, daß der ›Chef-Steward‹ nicht nach Kairo geflogen, sondern nur zu einer Bauchtänzerin gefahren sei, war so abwegig nicht. Angefangen hatte es schon in der Diele der Terrassenwohnung. Dagmar und Michael hatten den Stau ihrer drängenden Begierde schon dort nicht mehr aufhalten können. Hinter verschlossener Wohnungstür endlich allein, war es wie eine schäumende Flut über sie hereingebrochen. Sie hatten keine Skrupel gehabt, die Erleichterung auf einem so unbequemen Möbel wie einem Barocksessel zu genießen.

Erst dann waren beide wieder zur Besinnung gekommen, hatten geduscht, und die Dame des Hauses hatte die Idee gehabt, bis zum nächsten Morgen ein Fest zu zweit zu feiern, das, wie sie erklärte, längst überfällig war.

Wann je hatten sie die große Wohnung für sich allein gehabt? Die kleinen Festchen hatten bisher immer nur im Schlafzimmer stattgefunden – mit in der Tür herumgedrehtem Schlüssel, damit Stefanie nicht in etwas hineinplatzen konnte, was sie in dem zarten Alter als schockierend hätte empfinden müssen. Doch heute war die Bude sturmfrei. Die Ruine des Kurfürstlichen Schlosses war hinter der Schaufensterscheibe der Wohnhalle nicht mehr zu sehen, ein faltenreicher, sonnengelber Vorhang machte die Stätte des großen Festes uneinsehbar.

Doch man sprang nicht über Tisch und Bänke. Dagmar Eulich-Sturm stand nur auf dem Tisch. Bekleidet mit Schuhen und einem Mini-Slip, ließ sie sich von

Michael, der noch nicht einmal Schuhe trug, ein Glas Sekt emporreichen.
»Auf unsere Fete!«
»Auf unsere Nacht!«
Die Szene war nicht obszön. Dazu waren beide zu ausgelassen, zu fröhlich. Sie spielten ein Spiel, das Jahrzehntausende alt war, sie spielten Verlangen und Hingabe, und sie spielten es nicht nur, sie waren es, und spielten trotzdem, spielten wie Achtjährige den Doktor, der die Sechsjährige zu erforschen trachtet. Nicht nur nach dem gewissen Unterschied, sondern nach gewissen Besonderheiten. Michael, nach oben anstoßend und unten trinkend, war besessen darauf, diese Besonderheiten endlich zu sehen. Denn auf dem Barocksessel der Diele hatte er das Besondere nur kurz ertasten können – doch Fühlen und Sehen, das waren zwei verschiedene Dinge! Aber Dagmar verlangte für ihr leeres Glas erst einmal Nachschub, trank und versuchte dann, ihren Nabel kreisen zu lassen, was ihr aber nicht voll gelang. Mit ihrem Ehemaligen, dem Professor, war sie zwar in Ägypten gewesen, hatte aber nur die hehren Säulenreihen von Luxor und Karnak, auch die Pyramiden gesehen, doch keine Bauchtänzerin. Michael amüsierte sich, obgleich es sich bei ihm zum zweiten Mal an diesem frühen Abend regte. Die da vor ihm auf dem Tisch mit den Hüften wackelte, war eine blutige Amateurin, aber vielleicht gerade deshalb eine Lockung, eine, die höchste Verheißungen versprach. Er war dabei, ebenfalls auf den Tisch zu springen, wurde daran jedoch, begleitet von einem vergnügten Schrei, gehindert, weshalb er versuchte, an den Mini-Slip zu kom-

men, um endlich sehen zu können, was er nur kurz gefühlt hatte.
Doch Dagmar drehte sich um, und er sah acht Quadranten, reizvolle zwar, aber eben nur Rückfronten.
»Ich brauche Sekt!« kam es von oben.
Michael schenkte nach und trank, weil sein Mund trocken war, auch etwas, aber nicht so viel wie die Dame auf dem Tisch, und biß als Ersatz zart in den rechten Quadranten Nummer vier, weil diese Rundung seinem Mund am nächsten war und von dem Mini-Slip auch nicht eingepreßt wurde.
Von oben kam ein neuer Schrei, dann: »Du bist ein Sadist!«
»Was soll ich denn machen, wenn du mich so reizt?«
»Aber doch bitte nicht mit den Zähnen!« hörte er und sah, daß sich auf dem Tisch eine sich amüsierende Dame wendete, die winzige Textilie von den Hüften riß und ihrem Zuschauer endlich jenes präsentierte, wonach dieser schon seit einer halben Stunde lechzte.
Die Scham war schamlos.
Michael schluckte vor Aufregung. Was sich da in Augenhöhe vor ihm wölbte und öffnete, verschlug ihm die Sprache. Und draußen tönte die Glocke. Er hatte sich dem, was er erblickte, noch weiter nähern wollen, aber das Klingeln hielt ihn davon ab.
»Laß es doch läuten!« kam es von oben. »Wer kann das schon sein ...!«
Aber Michael mochte nicht mehr. Er konnte auch nicht mehr. Das Schellen der Türglocke nahm ihm jenen Sinn, auf den es jetzt angekommen wäre. Er sah in Katzenaugen, die ebenso verschleiert wie trotzig wirkten, und sagte schlicht:

»Vielleicht ist es etwas Wichtiges ...«, er stotterte, der Anblick der Besonderheit brachte ihn durcheinander, »vielleicht ist es die Lufthansa ... vielleicht muß ich als Chef-Steward starten ...«

»Was sagst du da?«

»Es war ein Witz!« kam er zu sich.

Aber das Läuten an der Wohnungstür hörte nicht auf. Im Gegenteil. Es wurde immer alarmierender.

»Willst du nicht nachsehen?« fragte er nach oben.

»Ich bin nicht zu Haus!« schimpfte die Nackte und zog die Besonderheit etwas ein, weil sie sonst das leere Sektglas nicht nach unten hätte halten können. »Schenk ein! Jetzt geht die Party erst richtig los!«

»Aber das Klingeln nervt mich!« stöhnte Michael und füllte das Glas nur halb. Mehr war in der Flasche ohnehin nicht drin. Dagmar trank, doch das Läuten riß nicht ab. Es hörte sich an, als käme es von der Feuerwehr.

»Wenn du nicht gehen willst, gehe eben ich!« preßte Michael hervor.

»Wohin?«

»Nachsehen, wer uns da stört!« sagte er, war dann auch schon in der Diele, trat an die Wohnungstür, hob das kleine Plättchen des Spions in die Höhe, ließ es sofort wieder fallen und lief zurück in die Wohnhalle, wo die Amateur-Bauchtänzerin nicht mehr auf dem Tisch stand, sondern darauf saß.

»Weißt du, wer da draußen steht?« fauchte er und suchte nach irgend etwas, womit er sich hätte bedekken können.

»Das interessiert mich nicht!«

»Sollte dich aber! Das ist Stefanie!«

»Das darf doch nicht wahr sein!«
»Sie ist es!« versicherte er, sah eine Nackte auf den Teppich springen und fühlte sich machtvoll ins Badezimmer gezogen, wo Dagmar zuerst Wasser in die Wanne plätschern ließ, ihm dann einen Bademantel zuwarf und darauf in ihren eigenen schlüpfte.
»Wir haben baden wollen!« hörte er noch, schnürte seinen Gürtel enger und wurde, weißem Frottee nachblickend, Zeuge einer Begrüßung zwischen Mutter und Tochter.
»Stefanie! Woher kommst du?«
»Mammi! Ich läute schon seit zehn Minuten!«
»Wir haben gebadet! Wenn Micha nicht die Dusche abgestellt hätte, hättest du noch zehn Minuten länger warten können!«
»Micha ist auch da?«
»Allerdings!«
»Das finde ich echt super!«
Worauf für Michael das Stichwort gefallen war, sich im Bademantel dem Teenager ebenfalls zeigen zu dürfen.
»Du kommst doch sonst immer nur am Donnerstag und am Freitag!« staunte die Tochter des Hauses und hauchte auf seine Wange ein Küßchen.
»Micha arbeitet nicht an einem Fließband!« wurde sie von der Mutter belehrt. »Aber wieso bist du hier? Bist du schon entlassen?«
»Das werde ich erst morgen ...«
»Und trotzdem bist du in Heidelberg?«
»Ich finde meine Idee gut, Mammi!«
»Welche Idee?«
»Ich habe die Stationsschwester gefragt, ob ich die

Augenklinik ... weil ich doch keine Klappe mehr tragen muß ... nicht einmal verlassen dürfe. Sie hat ja gesagt. ›Selbstverständlich darfst du das, mein Kind‹, hat sie gesagt. Nun bin ich hier! Ich wollte mal wieder richtig zu Abend essen und in meinem Zimmer, ganz für mich allein, auch Peter Maffay hören ...«

»Wie bist du hergekommen?« Aus den gelbgrünen Augen der Mutter zuckten Blitze des heiligen Zorns.

»Da du mir verboten hast, als Anhalterin zu fahren ... oder hast du das nicht?«

»Allerdings!«

»... habe ich ein Taxi genommen ...«

»Bist du wahnsinnig geworden?«

»Wie hätte ich dich denn sonst besuchen können?«

Die Mutter schäumte: »Womit hast du das Taxi bezahlt?«

»Der Fahrer, Mammi, wartet unten ... seine Uhr steht auf 195 Mark 80. Aber 5 Mark 80 habe ich ihm schon gegeben, soviel hatte ich noch ...«

Diesmal verschlug es Frau Dagmar Eulich-Sturm die Sprache. Sie öffnete zwar den Mund, schloß ihn aber wieder.

»Den Rest müßte ich passend haben!« rief Michael, denn beide taten ihm leid, die Mutter wie die Tochter. Aber wo war seine Jacke?

»Das ist meine Tochter und nicht deine!« schrie Dagmar und rannte in ihr Privatzimmer, während Michael verzweifelte Anstrengungen unternahm, irgendwo seine Geldbörse zu finden. Dagmar war die Schnellere. Er hörte ihre Stimme vom Schlafzimmer aus: »Da sind zweihundert! Gib das dem Fahrer, und komm wieder rauf! Dann kannst du was erleben!«

Das Erlebnis fand vorerst aber für die Erwachsenen statt, nämlich Anzug, Kleid und Wäsche an Orten wiederzufinden, an denen sie diese nie vermutet hätten. Sie hatten diese Dinge gerade übergestreift, als auch Stefanie wieder da war. Mit der Quittung eines Mainzer Taxiunternehmens über akkurat 205 Mark 80. Die Mutter warf einen Blick auf das Papier, zerknüllte es und verzichtete darauf, ihre Tochter etwas erleben zu lassen, statt dessen wurde sie gefüttert. Dagmar und Michael hatten keinen Appetit, der war ihnen vergangen, aber sie wollten von der Nacht noch retten, was zu retten war. Dann ging es ab nach Mainz.

»Wieso das denn?« zeterte der Teenager. »Meinen Besuch habe ich mir anders vorgestellt!«

»Wenn die Stationsschwester zu dir gesagt hat«, antwortete Dagmar, »daß du die Augenklinik verlassen darfst, dann hat sie unter Garantie gemeint, daß du in den Straßen der Uni-Klinik spazieren kannst, auch in dem kleinen Park mit dem schönen Springbrunnen, aber doch nicht, daß du eine Tagesreise unternimmst! Wenn du um einundzwanzig Uhr nicht in deinem Bett liegst, wirst du morgen nicht entlassen, sondern rausgeworfen!«

»Wäre das nicht dasselbe?«

»Diese Frage darfst du deinem Vater stellen, wenn du ihn nächstens wieder besuchst! Staunen wirst du, was er antworten wird! Steig in den Porsche, aber bitte auf den Hintersitz!«

Michael stieg danach ein und dies schweigend. Auch Dagmar schwieg nach ihrer Gardinenpredigt. Wie aufregend hatte die Fete zu zweit begonnen, und wie ärgerlich endete sie. Das waren die Gedanken der Großen. Noch nicht mal Peter Maffay haben die mich hören lassen, das war der Gedanke der Kleinen. Fünfzig Kilometer lang blieb das Trio schweigsam, bis zum Darmstädter Kreuz.

»Wir hätten ins MARITIM fahren sollen«, flüsterte Dagmar, »nur einen Kilometer entfernt von diesem Punkt! Ungestört wären wir gewesen ...«

Stefanie hatte kein Wort verstanden, nur begriffen, daß das Schweigen gebrochen worden war, weshalb sie glaubte, auch etwas zu der Konversation beitragen zu können: »Micha!« rief sie von hinten. »Weißt du, daß du einen Doppelgänger hast?«

»Ich?«

»Wieso?« fragte die Mutter.

»Als ich von der Augenklinik auskniff ... ich gebe ja alles zu, aber ich hatte Sehnsucht, Mammi! ... als ich also auskniff, stand ich im Lift zusammen mit einer attraktiven blonden Dame und einem schwarzhaarigen Herrn ... Spanier, Italiener oder so ...«

»Micha ist nicht schwarzhaarig!« widersprach die Mutter.

»Hör doch erst mal zu!« schrie die Tochter und beugte sich nach vorn, um besser verstanden zu werden. »Die beiden kamen aus der HNO-Klinik ...«

»Was ist daran Besonderes?« fragte Michael nach hinten, weil er das Besondere schon erkannt zu haben glaubte.

Am liebsten wäre er jetzt ausgestiegen, auch wenn er durch Rübenfelder fünfzehn Kilometer bis Nauheim hätte laufen müssen. Weiter konnte seine Bude nicht sein. Aber Dagmar auf die Standspur der Autobahn zu dirigieren, das wagte er nicht, zumal die Mutter die Tochter ebenfalls fragte, was daran so sensationell sei.

»Darf ich endlich mal aussprechen?« empörte sich Stefanie. »Die Dame muß sich das Trommelfell durchbohrt haben, soviel habe ich herausgehört, und sie erhielt ... bitte lacht nicht ... Zigarettenpapier ins Ohr geklebt, hörte also wieder ... habt ihr das schon mal gehört?«

»Nein! Aber was hat das mit einem Doppelgänger zu tun?« antwortete Dagmar und warf, weil vor ihr alles frei war, den Kopf für eine halbe Sekunde nach hinten.

»Ich muß doch erst die Vorgeschichte erzählen oder den Background, wie man dazu sagt!« schrie der Teenager. »Die Ohr-Geschädigte darf sich nämlich wegen des Zigarettenpapiers vier Wochen lang nicht waschen! Die hatte einen echten Schock! Ehrlich! Aber ihr Freund oder ihr Mann ... ob sie verheiratet waren, weiß ich nicht ... der sagte Bambina ...«

»Hör auf mit deinem Gewäsch!« entfuhr es Michael. Die Reportage ging ihm auf die Nerven. Er ahnte Fürchterliches.

»Bambina?« fragte dagegen Dagmar. »Das habe ich noch nie gehört! Ich kenne nur Bambinos!«

»Aber der Schwarzhaarige sagte Bambina, Mammi! Und außerdem, daß sie doch wieder hören, also glücklich sein könne. Mit ungewaschenen Haaren? fragte die Blonde. Nie! sagte sie und forderte ihren Herzgeliebten auf, ihre Cousine anzurufen, weil sie nicht daran denke, das Kaffeekränzchen fortzusetzen, erst recht nicht vorhabe, den Traummann ihrer

Cousine … die Blonde sagte ›Traummann‹! Ehrlich! … und jetzt kommt's …«
»Was kommt?« fragte die Mutter eher gelangweilt als neugierig, wogegen ihr Beifahrer »Schluß jetzt!« rief.
»Mensch, hört doch mal zu!« empörte sich Stefanie. »Sie denke nicht daran, sagte die attraktive Dame, diesen Traummann auch nur noch ein einziges Mal zu treffen … das hörte sich an, als kenne sie ihn sehr nah … den Traummann Michael Wolf, einen Chef-Steward der Lufthansa … Und was sagt ihr jetzt?«
Im Cockpit des Porsche war erst einmal Schweigen, ein für Michael verflucht peinliches. Zehn Hundertmarkscheine hätte er dafür gegeben, jetzt nicht in einem über die Autobahn flitzenden Auto zu sitzen, sondern in seinem Nauheimer Zimmer. Bis sechzehn Uhr, bis zum Beginn der Kaffeetafel bei Julia, war die Welt noch in Ordnung gewesen, jetzt, nur vier Stunden später, glich sie einem Chaos. Er schwitzte. Denn natürlich erinnerte er sich daran, von der Lufthansa gesprochen zu haben und auch von einem Chef-Steward, als Dagmar auf dem Tisch gestanden und ihn das Läuten an der Wohnungstür nervös gemacht hatte. Er sah kurz nach links, doch Frau Eulich-Sturm erwiderte seinen Blick nicht, starrte nur auf die Fahrbahn. Auch sie erinnerte sich an das Lufthansa-Zitat, dachte aber auch darüber nach, weshalb sich ihr Traummann Micha – so unrecht hatte die Cousine der Cousine ja nicht! – heute nachmittag in der Halle der Augen- und HNO-Klinik herumgetrieben hatte. Wegen Stefanie oder wegen einer, die sich das Trommelfell durchbohrt hatte? Doch sie empfand die Frage als so ungeheuerlich, daß sie sich ihrer schämte.

»Warum sagt ihr denn nichts?« kam es von hinten, als der Porsche aus Hessen über die Rheinbrücke nach Rheinland-Pfalz preschte. »Oder habe ich was falsch gemacht?«

»Das mit dem Taxi, das war falsch!« antwortete die Mutter. »Aber du wirst pünktlich in dein Bett kommen, verlaß dich drauf!«

»Sonst nichts?«

»Was soll es sonst noch geben? Unser Micha scheint einen Doppelgänger zu haben, möglich, aber das ist doch nicht aufregend! Michael ist ein schöner Name, kommt nur leider zu oft vor, und die Wölfe unter den Männern sind auch recht zahlreich ...«

Das war für Michael zuviel. Die Anklage war infam.

»Laß mich aussteigen!« preßte er hervor.

»Warum?«

»Weil es mich drängt, auszusteigen!«

»Hier darf ich nicht halten!« antwortete Dagmar, als sie den Porsche von der Rheinbrücke in großer Schleife auf die Bundesstraße neun lenkte.

Michael zog seine Brieftasche, daraus einen Hunderter und legte ihn neben den Steuerknüppel: »Höher kann das Strafmandat nicht ausfallen! Bitte halte an!«

»Dann bist du tatsächlich ein Chef-Steward der Lufthansa?«

»Ich bin noch nie in meinem Leben geflogen!«

»Das hast du schon mal erzählt, ja, ich erinnere mich! Bitte verzeih mir!« Und Dagmar sah trotz des dichten Verkehrs kurz und fast um Gnade bittend in seine Augen. »Wie ich das vergessen konnte! Dann ist doch alles gut! Und bitte nimm sofort das Geld zurück!«

Er nahm den Schein und warf ihn nach hinten: »Nichts ist gut! Ich muß raus! Meine Blase ist voll!«
»Das konntest du wirklich eher sagen!« Dagmar bremste kreischend und blieb in der Ausfahrt einer Zementfabrik stehen. Michael sprang heraus und lief, auf der anderen Fahrbahn zwei Fahrzeuge in Not bringend, auf die gegenüberliegende Seite der Straße, mit Blicken verfolgt von zwei Damen unterschiedlichen Alters, die ihn jedoch bald aus dem Blick verloren, aus Dagmars Sicht Gott sei Dank verloren, weil sie der Meinung war, daß ihrer Tochter der Anblick eines sich seines Dranges entledigenden Mannes noch nicht zuzumuten war.
»Das dauert aber lange!« kam es von hinten.
Die Mutter schwieg.
»Hörst du, wie alle hupen, die an uns vorbeifahren?«
Die Mutter schwieg.
»Warum schenkt mir Micha hundert Mark?«
»Das mußt du ihn schon selbst fragen!«
Die Uhr des Armaturenbretts tickte leise, die Zeit zum Insbettbringen der Tochter wurde immer kürzer, und das Hupen der Vorbeifahrenden hörte nicht auf. Dagmar Eulich-Sturm war sich bewußt, ein Verkehrshindernis zu bilden, und fragte sich, ob die Blase eines Mannes tatsächlich so unerschöpflich sein konnte. Ihr Geschiedener, der ja kein schlichter Mediziner, sondern ein von Fachzeitschriften oft zitierter Professor war, hatte ihr zwar einmal erklärt, wie unterschiedlich die Volumina menschlicher Blasen waren, doch diese Daten hatte sie vergessen.
Michael Wolf irrte währenddessen zwischen kleinen Büschen herum. Er mußte nicht. Ausgestiegen war er

wegen der »Wölfe«. Hatte Stefanie ausgerechnet im Lift zusammen mit Marion und dem Italiener stehen müssen? Ohrfeigen hätte er die Minderjährige können. Beidseitig. Doch die Grünanlage, in der er stand, war für eine Flucht äußerst ungeeignet. Das Areal wurde begrenzt von zwei Autobahnen und zwei Autostraßen, schon nach zwei kurzen Spurts hatte er das herausgefunden. Ohne Zweifel hätte sich ein wilder Camper, zugestopfte Ohren vorausgesetzt, in diesem Viereck häuslich niederlassen können, ohne belästigt zu werden, aber ein Flüchtender war aufgeworfen! Es gab keine Verbindung zur Außenwelt, keine Notrufsäule, von einem Taxi ganz zu schweigen. Von hier aus konnte er weder nach Nauheim kommen noch zu Julia oder zu Hildegard May, seiner allerletzten Notadresse. Also mußte er Dagmar noch einmal als Fahrgelegenheit benutzen. Bezahlt hatte er ja schon. Mit hundert Mark.

Er rannte zurück, wartete gegenüber der Zementfabrik eine Lücke der Autos ab, die aus Mainz kamen, sprang zum schwarzen Porsche, knallte sich hinein, hörte »Endlich!« und »Ich danke dir auch schön!«

Dagmars Start war wie der eines Formel-I-Wagens auf dem Nürburgring. Michael staunte über die Beschleunigung, blickte auf braune Haare, auf eine weiße Lederjacke und einen weißen Lederrock. Arme und Beine waren bedeckt. Dennoch empfand er Wehmut. All dies willst du verlassen? fragte er sich. Du mußt es leider! antwortete er sich selbst. Sie weiß doch alles, auch wenn sie es nicht zugibt! Als sie auf dem Tisch gestanden hatte, hätte ihm wirklich etwas anderes einfallen können als das Wort ›Chef-Ste-

ward‹! Was hätte es in dieser Situation nicht alles zu preisen gegeben!
»Micha!« Es war Stefanie auf dem schmalen Hintersitz.
»Ja?« fragte er resignierend, weil am Ende aller Hoffnung.
»Über dein Geschenk habe ich mich echt gefreut! Ehrlich!«
»Welches Geschenk?«
»Über den Hunderter! Weißt du, was ich mir dafür kaufe?«
»Kauf dir, was du willst!«
»Du verwöhnst sie!« kam es von links.
Diesmal schwieg Michael. Er hatte keine Zeit, sein Denken auf die Beantwortung lächerlicher Vorwürfe zu verschwenden, er hatte seine Flucht zu planen, die ihm um so notwendiger erschien, je näher der Porsche der Mainzer Innenstadt kam, die Flucht vor Julia und Dagmar. Beiden mußte er zuvorkommen. Ehe beide ihm den Laufpaß geben konnten, mußte er weg sein. Damit aus beider Augen noch Tränen flossen.
In einer Nebenkammer seines Gehirns stellte er an die Hauptkammer des gleichen Organs allerdings auch die Frage, ob diese nicht übertreibe. Was hatte Marion Melton denn davon, wenn sie ihrer Cousine Julia die Wahrheit ins Gesicht – oder durchs Telefon ins Ohr – sagen würde? Doch nur, daß der schwarzgelockte Herr Albaneso sich beleidigt von ihr wenden würde! Aus welchem Grunde sollte Dagmar Eulich-Sturm – wobei er seine Blicke wieder auf braune Haare und ein weißes Lederkostüm warf – wegen des blöden Wortes ›Chef-Steward‹ mutmaßen können,

daß er in den letzten Monaten nicht nur ihr Geliebter gewesen war? Das grenzte doch an Alt-Weiber-Logik und war damit unwahrscheinlich. Er stritt mit sich selbst.
Doch je länger er mit sich selbst stritt, desto stärker erlag er dem Hang zur Selbstbezichtigung, dem noch jeder Angeklagter verfällt, wenn ihm der Diebstahl einer halben Million vorgeworfen wird, obgleich es nur ein kleiner Fünfzig-Mark-Schein war. Er fürchtete sogar, daß sich die drei schönen Frauen Dagmar, Julia und Marion schon morgen, an einem Montag, zusammensetzen, über ihn beraten und ihn dem Kadi ausliefern könnten.
»Ich parke draußen!« hörte er von links und wurde gewahr, daß sie die Universitäts-Klinik erreicht hatten. »Kommst du mit auf die Station?«
»Warum?« fragte er. »Du wirst unseren Ausreißer schon allein ins Bett bringen! Ich spaziere hier ein bißchen herum ... im Auto sitzenbleiben, das möchte ich nicht!«
Der Teenager verabschiedete sich mit Wangenküßchen und bedankte sich nochmals überschwenglich für den Super-Schein. Dagmar schloß den Wagen ab, und Michael sah nach seiner festen Überzeugung zum letzten Mal auf zwei weibliche Wesen unterschiedlichen Alters, die eilig von ihm davonschritten, die eine in verwaschenen Jeans, die andere in leuchtend weißem Leder.
Lebt wohl, ihr beiden! dachte er, das Leben ist grausam, es scheint nichts anderes im Sinn zu haben, als immer wieder die großen Hoffnungen kleiner Menschen zerstören zu müssen. Wunderschön wäre es

gewesen mit euch – aber ich leide jetzt schon, wogegen ihr erst morgen zu leiden beginnen werdet!
Dann riß er, in seine rechte Brusttasche fahrend, aus einem exklusiven Notizblock der RHEINISCHEN PAPIER-MÜHLE einen Zettel, griff nach seinem Kugelschreiber und schrieb, das Dach eines Porsche als Unterlage mißbrauchend

Bester Schatz!
Die Gelegenheit ist günstig. Ich hole
von meinem Hotel den Koffer und das Auto
und fahre dann nach Heidelberg. Mal sehen,
wer zuerst da ist!
Dein Micha

Er klemmte den Zettel unter den Scheibenwischer, lief zum Taxistand und ließ sich nach Nauheim fahren.

Neun Minuten vor neun Uhr abends lag Stefanie in ihrem Bett der Mainzer Universitäts-Augenklinik. Die Mutter hatte ihr das Nachthemd übergestreift und den Jeans-Anzug und alles andere im Schrank verstaut, als die Nachtschwester erschien, um Augentropfen zu verteilen, Schmerztabletten und Tee an Durstige.
»Was machen Sie da? Die Besuchszeit ist vorbei!« schimpfte sie, und in den hübsch schräg gestellten Augen sprühte Vorwurf.
»Ja, ja, ich weiß!« antwortete Dagmar und holte befriedigt tief Luft, weil Stefanies Flucht noch nicht aktenkundig sein konnte, gab dem Töchterlein ein ge-

hauchtes Küßchen und verließ, allseits ›Gute Nacht‹, auch ›Gute Genesung‹ wünschend, das Krankenzimmer.
Der Lift war leer, die Empfangshalle ebenso, auch der kurze Weg zur Hauptpforte. Es dämmerte, die Nacht war nah. Ihr Auto fand sie dennoch, suchte rundum nach einem Spaziergänger und fand statt seiner einen Zettel unter dem Scheibenwischer.
Sie empfand die Nachricht als ebenso positiv wie witzig. Michael war der charmanteste Mann, der je die Schwelle ihrer Wohnung wie die zu ihrem Innersten übertreten hatte, auch wenn es einen Doppelgänger gab. Vergnügt faltete sie den Zettel zusammen, stopfte ihn in ihre Handtasche, schloß den Porsche auf, ließ weißes Leder auf das weinrote des Sitzes fallen und startete zu einem Autorennen besonderer Art, zu dem Kampf zwischen einem schwarzen Porsche und einem weißen Jaguar, zu einem Wettlauf, an dessen Ziel es keine Verlierer, sondern nur Sieger geben konnte, Sieger über ein Kind, das aus dem Krankenhaus ausgekniffen war, um erwachsenen Leuten Leben und Lieben schwerzumachen.
Wenn sie auf der Autobahn nach Heidelberg ausnahmsweise auf der rechten Spur fuhr, wünschte sie sich, von etwas schnittigem Weißen überholt zu werden. Wenn sie links fuhr, sehnte sie sich danach, einen zwischen kriechenden Blech-Karossen eingekeilten Jaguar zu überholen. Ihre Wünsche blieben unerfüllt, doch das Rennen machte ihr Spaß, und es gab Augenblicke, an denen die Nadel des matt beleuchteten Tachometers bei der Zahl zweihundert herumzitterte.

In Heidelberg mußte sie langsamer werden, erst recht auf der Uferstraße zum Terrassenhaus. Michaels Jaguar stand noch nicht davor.
Um so besser! frohlockte sie. In Anwesenheit des Partners eine Fete, die unterbrochen worden war, wieder in Fahrt zu bringen, hatte sie immer als peinlich empfunden. Auch bei ihrem Ehemaligen. Denn dabei blieb die Illusion der Spontaneität auf der Strecke. Heute dagegen konnte sie ohne Störung Pfeffer aus der Mühle kommen lassen. Was sie dann auch tat, als die Wohnungstür ins Schloß gefallen war. In der Küche, an der Hausbar und vorm Wäscheschrank.
Leider hatte Michael Wolf zu diesem Zeitpunkt keine Ahnung, welch ein Empfang ihm in Heidelberg bereitet wurde. Er entlohnte den Taxifahrer, der ihn von Mainz nach Nauheim gefahren hatte, stieg in seine Klause, die immer noch trostlos aussah, und sagte »Du bist ein Idiot!«, als er in den Spiegel sah.
»Ja, das bist du!« tönte es aus dem Spiegel zurück. »Gleich drei Frauen auf einmal! Hätten zwei nicht gereicht, zum Beispiel Julia und Dagmar, die den Vorzug haben, miteinander weder verwandt noch verschwägert zu sein?«
»Versuchungen kann ich halt nicht widerstehen! Ist das meine Schuld? Schuld daran hat doch nur der da...«, antwortete er und zeigte mit dem Daumen nach oben, »... der mir so leckere Wesen über den Weg schickt! Was kann ich dafür? Was soll ein Mann denn da machen, verflucht noch mal! Was eine Frau? Die Marion Melton hatte ja auch mehrere Männer! Den Roberto, dann mich und bestimmt noch andere!

Auf keinen Fall kann ich der einzige sein, der gewisse Grenzen überschreitet!«
»Aber du bist ein Blödmann!« kam es aus dem Spiegel. »Daß Julia und Marion Cousinen sind, ist ein dummer Zufall, das konntest du nicht wissen, aber daß du, als die bronzefarbene Dagmar auf dem Tisch stand, von einem Chef-Steward gequatscht hast, das war hirnrissig!«
Wer eine ihm unbequeme Wahrheit hört oder sie sich selbst eingestehen muß, wird wütend. Und Michael warf seinen kobaltblauen Aschenbecher gegen den Spiegel. Doch der Wurf war miserabel, nur die obere Ecke hatte er getroffen, es gab keine Scherben, noch nicht einmal lange Sprünge, es gab nur ein Getöse. Sein Gesicht im Spiegel blieb unversehrt.
Aber er kam zu sich, seine Gedanken strömten weniger chaotisch gegeneinander. Ruhe, Ruhe, Ruhe! sagte er zu sich. Natürlich war das Leben, das er bis heute mittag geführt und weiterzuführen gedacht hatte, im Eimer. Honigschlecken war nicht mehr drin. Aber sollte er sich deshalb aus dem Leben schon verabschieden? Ganz andere Schicksale fielen ihm ein, von hohen und höchst gepriesenen Politikern, gegen deren Sündenregister das seine eine Bagatelle war. Doch je intensiver er über diese großen Tiere nachdachte, um so mehr verspürte er den Trieb, reinen Tisch zu machen. Damit er, ein kleiner Mann, die Großen in den Chefetagen der Konzerne und Ministerien endlich einmal anpinkeln konnte. Zumindest in Gedanken. Er sehnte sich nach einem sauberen Leben, nach einem Leben ohne Schwindeleien und ohne Herrenbitter-Schokolade, und beschloß in seiner

einsamen Kammer, sich am nächsten Tage dem Gericht zu stellen. Davor jedoch Pflöcke zu setzen.

Zuerst wählte er die Nummer von Julia und legte den Hörer gleich wieder auf. Wieso denn Julia? Für die war er doch in Kairo oder auf dem Flug dahin!

Als nächste wählte er die Nummer von Dagmar und legte, als er das erste Tut vernahm, ebenso spontan wieder auf. Was hatte er mit der nach Stefanies Lift-Lauscherei noch zu reden? Vor allem nach ihrer widerlichen Behauptung, daß die Wölfe unter den Männern recht zahlreich seien? Zu schweigen erschien ihm sinnvoller als dumme Erklärungen darüber abzugeben, wieso er das Wettrennen nach Heidelberg aufgegeben habe. Das Silbergeschäft war mit dieser Schönen dagegen noch zu regeln, bevor er morgen zum Gericht schritt und nicht schon wieder bäuchlings landen wollte. Er nahm sich vor, den Termin nicht zu vergessen. Dann endlich rief er, einen Vier-Zeilen-Brief in der Hand, die May-Druckerei an und behielt den Hörer oben.

»Hallo ...!«

Es war die Stimme der Meisterin, nach zehn Monaten, da er sie nicht vernommen hatte, immer noch dieselbe, eine etwas rauhe Stimme vor dem Background heißer Rhythmen.

»Hier ist Michael!« antwortete er. »Störe ich?«

»Das nicht, aber ich habe Besuch!«

»Keine Angst! Ich will dir keine Liebeserklärung ins Ohr flüstern, nur fragen, wann ich deine neue Druckerei besichtigen darf!«

»Hast du meinen Brief erhalten?«

»Sonst würde ich nicht anrufen!«

»Wann könntest du denn anfangen?« hörte er und bemerkte, daß die Musik leiser wurde, woraus er schloß, daß man an seinem Anruf interessiert war.
»Muß ich das am Sonntagabend schon sagen?«
»Schließlich rufst du an einem Sonntagabend an!«
»Entschuldige!« antwortete er sanfter. »Eigentlich wollte ich erst mal fragen, wann ich mir den neuen Arbeitsplatz angucken darf ...«
»Jederzeit! Ab sieben Uhr bin ich in der Druckerei.«
»Das ist zu früh! Morgen vormittag muß ich zum Gericht!« preßte er hervor und schalt sich wieder einmal ein Rindvieh, als das Wort heraus war.
»Bist du da vorgeladen? Pfändungsbeschlüsse mag ich nicht! Drucker, die gepfändet werden, sind zur Leistung nicht zu motivieren!«
»Ich habe keine Pfändungen am Hals und bin auch nicht vorgeladen!« schimpfte Michael und dies aus reinem Herzen.
»Warum mußt du dann zum Gericht?«
»Um mir über etwas klarzuwerden ... ich erzähle dir das bei der Betriebsbesichtigung! Heute nicht. Heute ist Sonntag, und du hast Besuch. Könnte ich morgen nachmittag kommen?«
»Ich bin bis achtzehn Uhr im Betrieb!«
»Dann bis morgen!«
»Tschüs!«
Am anderen Ende wurde aufgelegt. Michael tat desgleichen und hatte ein flaues Gefühl. Sicher hatte er die Chance, für zehn Stunden harter Arbeit am Tag dreitausend Mark im Monat zu verdienen – jetzt aber bei einer Meisterin, die ihn nicht mehr speiste und ihm auch kein warmes Bett mehr bot. ›Ich habe Be-

such‹, hatte sie geflötet und dies eiskalt. Michael war erfahren genug, darunter nicht irgendeine liebe Oma zu verstehen, sondern einen handfesten Mann. Auch die flotte Musik paßte ausgezeichnet zu dem geschriebenen Satz: ›Wohnen kannst du, wo du willst!‹ War er schon so tief gesunken, malochen zu müssen, ohne als Ausgleich dafür einer Meisterin auf den Stuten-Hintern klopfen zu dürfen? Welche liebestollen Zeiten hatte er von sich gestoßen! Er sah den kobaltblauen Aschenbecher auf dem Fußboden liegen und war nahe daran, ihn nochmals zu benutzen, um wenigstens sein Konterfei im Spiegel zu entleiben, ging vorerst aber müden Schrittes zum Kühlschrank, in welchem, wie er wußte, noch zwei Flaschen Export-Bier standen. Es schäumte kaum, weil viel zu kalt, doch Michael trank es.

Dagmar in Heidelberg brachte dagegen keinen Tropfen hinunter. Sie hatte ihren Wettfahrer mit einem Cocktail aufmuntern wollen, den ihr Geschiedener nach einer attischen Hetäre benannt hatte, mit einer Creation, die sich dadurch auszeichnete, daß sie, obgleich süffig, wenig Alkohol enthielt, dafür aber die Libido anheizte. Doch der Mixer war, nachdem sie eine Stunde gewartet hatte, ungeschüttelt auf der Hausbar stehengeblieben, sie hatte sich den ›Pfeffer‹ wieder aus- und ein schlichtes Baumwollkleid angezogen und telefonierte mit der Polizei.

»Ich weiß, daß ich mich wiederhole«, sagte sie engagiert, »aber ein weißer Jaguar kommt in Deutschland nicht alle Tage vor!«

»Ist das ein Auto?«

»Natürlich ist es ein Auto! Wird in England zusammengebaut und kommt gleich nach dem Rolls-Royce, ist nur etwas schneller! Weshalb ich fürchte ... aber auch das sagte ich ja schon! Ich melde ihn als vermißt!«

»Den Jaguar?«

»Mein Gott, natürlich den Mann, der darin sitzt! Michael Wolf!«

»Wie alt?«

»In den allerbesten Jahren! Sagen wir vierzig!«

»Wie groß?«

»Gemessen habe ich ihn noch nicht, aber eins achtzig wird er sein ...«

»Haarfarbe?«

»Dunkelblond, würde ich sagen ...«

»Trägt er einen Bart?«

»Nein!«

»Und seit wann vermissen Sie ihn?«

»Seit über einer Stunde! Wir waren beide in Mainz, um meine Tochter, vierzehn Jahre alt, in die Universitäts-Augenklinik zu bringen. Wir brachten Stefanie... so heißt meine Tochter ... gemeinsam dorthin, und zwar in meinem Auto, einem Porsche. Michael Wolf hatte in Mainz jedoch seinen Jaguar stehen, weshalb wir in Mainz getrennt zur Heimfahrt nach Heidelberg starteten ... Herr Wolf in seinem Jaguar, ich in meinem Porsche. Aber angekommen in Heidelberg bin nur ich! Also muß doch mit dem Jaguar zwischen Mainz und Heidelberg etwas passiert sein! Haben Sie keine Unfallmeldung?«

»Da muß ich nachfragen! Moment bitte!« hörte sie und trommelte eine Ewigkeit lang, so unendlich erschien ihr die Wartezeit, mit der Spitze ihres Schuhs

auf dem Teppich herum. Bis sich der, wie sie meinte, unsympathische Bürokrat wieder meldete: »Hören Sie noch? ... Seit heute null Uhr gab es auf der Autobahn zwischen Mainz und Heidelberg keinen Unfall. Können Sie das polizeiliche Kennzeichen des vermißten Wagens nennen?«
Dagmar Eulich-Sturm strapazierte ihr Gedächtnis: »Ein Mainzer Kennzeichen ... ich glaube MZ ... Strich ... WB 50 ... Ja, ich sehe es vor mir! Mainz und WB 50!«
»Dann sagen Sie mir bitte noch, wie Sie selbst heißen, wo Sie wohnen und unter welcher Nummer Sie telefonisch zu erreichen sind!«
Sie beantwortete die Fragen korrekt und vernahm, daß sie noch am gleichen Abend angerufen werden würde. Sie hatte sich den Abend anders vorgestellt, als auf das Telefon zu starren und auf einen Anruf der Polizei zu warten.
Auch die Chef-Sekretärin der CICERO-PRESSE hatte sich diesen Abend anders vorgestellt. Nach der kleinen Verstimmung, welche die Fahrt nach Darmstadt überschattet hatte, war es in ihrer Wohnung noch einmal recht stimmungsvoll geworden. Weshalb, das wußte sie nicht so genau. Vielleicht wegen des langen Schlitzes in ihrem Hausmantel, vielleicht wegen der Kerzen, die Roberto, obgleich es draußen noch hell war, zum Abendessen angezündet hatte, vielleicht auch wegen des Hochzeitskleides, von dem nach blumenreichem Vortrag Roberto Albaneso so angetan war, daß sie sich selbst kein anderes vorstellen konnte: Weiße Atlasseide, Atlas, damit es ab dem Boden klassische Falten warf, Schweizer Spitze ab

den Brüsten, Schultern nackt, und auf ihren, wie er sagte, schönsten Haaren der Welt ein von Moosröschen festgehaltener Schleier, der vier Meter lang sein sollte, weil es nämlich in seiner Verwandtschaft vier kleine Mädchen gab, die begierig darauf waren, solchen Schleier hinter einer richtigen Braut herzutragen. Marion Melton hatte sich schon auf der Kirchentreppe gesehen, einen Riesenstrauß blutroter Rosen haltend, schwere Seide schürzend, damit sie nicht drauftrat, und gefolgt von einem Schleier, der nicht endete, doch artig emporgehalten wurde von vier süßen, kleinen Italienerinnen. Die Hochzeit von Prinz Charles und Lady Di konnte nicht ergreifender gewesen sein. Doch plötzlich war sie nüchtern geworden, und zwar nach Robertos Frage, was sie im Monat verdiene.

»Wieso interessiert dich das?«

»Bambina! In der Ehe sind Mann und Frau eine Einheit, am Tisch und im Bett! Ich habe im Monat dreitausend auf die Hand ...«

»So wenig?« Marion hatte auf das Doppelte getippt.

»Bambina, das ist Spitze! Dazu kommt noch der Firmenwagen, für den zahle ich keine Lira, auch nicht für Benzin! Außerdem habe ich gespart, bis heute knapp 50 000 Mark. Die Hochzeit mit dir vor Augen, könnte ich aber mehr sparen, mindestens in jedem Monat 1200 Mark ... jährlich macht das mit Zinsen 16 000, in fünf Jahren 80 000, zusammen mit meinem jetzigen Sparbuch 130 000! ... Damit habe ich alles gesagt ... Sagst du auch mal was?«

»Was soll ich denn sagen?« fragte sie schmallippig.

»Wieviel du gespart hast ...«, antwortete Roberto und

rückte die Rolex, das große Geschenk, auf seinem Handgelenk aufgeregt hin und her.

»Nicht so viel wie du!« untertrieb sie.

»Und wieviel verdienst du im Monat netto?«

»Etwas mehr als du!«

»Bambina, du bist ein Engel!«

»Ich kann das Wort nicht ausstehen! Sag nie wieder Engel zu mir!«

»Aber ja doch oder vielmehr nein! Ihr Deutschen habt eine verrückte Sprache! Immer sagt man etwas falsch! ... Warum siehst du mich so an? Ich wollte dich mit ›Engel‹ nicht beleidigen, bitte glaub mir das! ... Denk doch an die Hochzeit und an das schöne Hochzeitskleid! Ich sehe es vor mir, Bambina! Ich sehe, wie die Atlasseide dein Knie modelliert ... Darf ich weitersprechen? ... Schau! Ich bringe 130000 ein ... Du hast nicht ganz so viel gespart, verdienst aber mehr als ich, das gleicht sich aus ... Also hast du nach fünf Jahren ebenfalls einhundertdreißig Mille, das macht zusammen 260000 stolze Deutsche Mark, und das Haus in der Toskana ist bezahlt!«

»Haus in der Toskana?« Marion saß auf ihrem Stuhl wie eine Salzsäule.

»Darum geht es doch, Bambina! Ein erstklassiges Haus, ein exklusives, ein richtiger Fürstensitz! Es steht auf einem Hügel, umgeben von Pinien. In fünf Jahren wird es unser sein!«

»Was soll ich denn in der Toskana?« empörte sie sich.

»Deinem Manne folgen in den Garten Gottes!« antwortete Roberto schlicht und drehte wieder an seiner Rolex.

»Für dieses Paradies soll ich fünf Jahre lang schuften

und hungern, dir auch mein Sparbuch ausliefern und womöglich in geflickten Klamotten herumlaufen?«
»Die Ehe ist ein Fleisch und ein Geld, Bambina ...«
Marion war außer sich. Sie zerwühlte nicht schon wieder ihre Haare, nein, davor hatte sie Hemmungen, aber sie sprang auf. Gegen diesen Roberto Albaneso war der Betrüger Michael ja ein barmherziger Samariter! Tausend Mark Kostgeld hatte der ihr für nur vier Wochenenden bezahlt, ihr Neuer wollte dagegen in jedem Monat über tausend Mark von ihr haben! Stehend zupfte sie so lange an ihrem Morgenmantel herum, bis der Schlitz keiner mehr war und gab dann ihre Entscheidung bekannt:
»Die deutsche Sprache, Roberto, mag für dich schwer sein, für mich die italienische aber noch schwerer. Nie werde ich in die Toskana ziehen! Es war nett, daß du mich besucht hast, aber ich glaube, du mußt wieder nach München. Die Uhr kannst du behalten ...«
Auch Roberto Albaneso stand. Ungläubig schüttelte der den Kopf, holte Luft zu neuer Rede, hielt aber keine, schnallte vom linken Handgelenk nur die Rolex ab und legte sie auf den Tisch.
Der Abschied war wortkarg. Roberto empfahl nochmals Olivenöl für die Watte vor dem Trommelfell, Marion wünschte ihm, daß er gesund heimkehren möge, war dann wieder allein und hätte sich in die eigenen Quadranten beißen können, wenn dies möglich gewesen wäre.
Welchen Tausch war sie eingegangen! Nicht nur gekocht und abgespült hatte Michael trotz tausend Mark Kostgeld im Monat, sondern auch die Fenster geputzt! Er war dabei zärtlich gewesen wie ein Engel.

Aber leider war er ein Betrüger – nicht in materieller Hinsicht, so doch in ideeller. Wenngleich …
Sie spielte mit abenteuerlichen Gedanken. Ihr Traummann war fremdgegangen, gut, aber Julia Bongartz geborene Melton war ja nicht irgendeine, sie war ihre Cousine! Konnte man sich, wenn der freigebige ›Chef-Steward‹ weder auf die eine noch auf die andere verzichten konnte und wollte, nicht arrangieren? In der Familie blieb es allemal. Doch kaum zu Ende gedacht, verwarf sie diese perverse Idee. Sie mit Julia teilen? Nie! Doch an diesem Abend brauchte sie eine dicke Tablette, um endlich einschlafen zu können.
Julia in Mainz hatte, wie sie glaubte, keine Medikamente nötig, um zur Ruhe zu kommen. Seit ihre Cousine mit dem Schwarzgelockten das Haus verlassen hatte und sie auch wußte, wohin Michael abhanden gekommen war, war sie im Haushalt noch fleißig gewesen, hatte dann fernsehen wollen, woraus aber nichts geworden war, weil das Telefon geläutet hatte.
»Hallo!«
»Sind Sie Frau Bongartz?« hörte sie.
»Ja!«
»Julia Bongartz?«
»Ja! Aber wer sind denn Sie?«
»Die Polizei, und zwar Leitdienst …«
»Wieso denn das? Was wollen Sie?«
»Bitte entschuldigen Sie die späte Störung, aber wir stören in Ihrem eigenen Interesse. Sind Sie die Besitzerin eines Kraftfahrzeuges des Fabrikats Jaguar?«
»Ja!«
»Könnten Sie uns das polizeiliche Kennzeichen nennen?«

Julia stockte. Wer merkt sich schon das Kennzeichen eines Autos, das man nicht fährt? Doch dann erinnerte sie sich: »Mainz ... Werner Bongartz ... ich meine WB ... und geboren wurde er 1950 ... Also Mainz, WB 50!«

»Dieser Wagen wurde der Polizei als vermißt gemeldet ...«

»Wieso vermißt?«

»Er soll gefahren worden sein von einem Michael Wolf ...«

»Was ist mit ihm?«

»Das eben, Frau Bongartz, möchten wir von Ihnen erfahren.«

»Herr Wolf ist in Kairo!«

»In Kairo?«

»Herr Wolf ist Chef-Steward der Lufthansa und wurde heute am Spätnachmittag ... er hatte eine Bauchlandung hinter sich und war bei mir, um sich davon zu erholen ... am Spätnachmittag abberufen zu einem Flug nach Ägypten!«

»Und das Fahrzeug?«

»Welches Fahrzeug?«

»Der Jaguar mit dem Kennzeichen MZ Strich WB 50! Damit wird Herr Wolf wohl nicht nach Kairo geflogen sein! Wo steht es?«

»Bei mir in der Tiefgarage ...«

»Sind Sie dessen sicher?«

»Absolut! Heute mittag fuhr ich mit Herrn Wolf zum Essen, dann zum Hauptbahnhof, um dort ... aber das ist uninteressant! ... Dann fuhr er den Jaguar in die Tiefgarage, fuhr darauf mit einem Bekannten zur Universitäts-Klinik ... aber im Auto dieses Bekannten! ... und von da mit einem Taxi zum Flughafen Rhein-Main! Doch wieso erzähle ich Ihnen das alles! Sind Sie überhaupt von der Polizei?«

»Wir sind! Sie sprechen mit Hauptwachmeister Keil, und ich habe Zweifel«, hörte sie, »daß Ihr Auto noch in der Tiefgarage steht! Wäre es möglich, daß Sie mal nachsehen?«

»Soll das ein Witz sein?«

»Bitterer Ernst, Frau Bongartz! Außerdem ein guter Rat.«

»Dann müssen Sie fünf Minuten warten!« schimpfte Julia, beugte sich aber der amtlichen Empfehlung. Widerwillig streifte sie sich einen Hausmantel über, schloß die Wohnung ab, betrat den Lift, fuhr in die Tiefgarage, wo ihr der weiße Jaguar entgegenblitzte, vor allem die rechte Tür, die ihr in diesem Moment weißer erschien als frisch gefallener Schnee. Sie war ja auch neu. Und schon nach vier Minuten war sie in ihrer Wohnung wieder am Hörer.

»Sind Sie noch da?«

»Ja, Frau Bongartz!«

»Der Jaguar mit dem Kennzeichen MZ WB 50 steht in meiner Tiefgarage. Sonst noch etwas?«

»Nein und herzlichen Dank! Wir bitten nochmals um Entschuldigung, daß wir Sie stören mußten. Aber wir hielten die Nachfrage in Ihrem eigenen Interesse für notwendig und wünschen Ihnen eine gute Nacht!«

Doch eben diese war bei Julia nicht mehr drin. Wer in aller Welt konnte, wenn Michael auf dem Flug nach Kairo war, den Jaguar als vermißt gemeldet haben? Die Bullen hatten doch nicht alle! Oder war das Ganze eine Finte, um sie für eine gewisse Zeit, wenn auch kurze, aus der Wohnung zu locken? Selbstverständlich erinnerte sie sich, die Tür abgeschlossen und, als sie heraufgekommen war, auch wieder aufgeschlossen zu haben. Dennoch lief sie in jedes Zimmer, schaute klopfenden Herzens hinter jeden Vorhang, im Schlafzimmer, sich langlegend, auch unter das Bett, doch einen Fremden sah und hörte sie nicht, nur ihr eigenes aufgeregtes Atmen. Veränderungen in ihrer Wohnung gab es keine. Alles stand auf seinem Platz. Dennoch brauchte auch sie an diesem Abend eine Schlaftablette.

Was sich nach dem Telefongespräch bei der Polizei abspielte, ist nicht druckreif. Bei der Polizei flogen die Fetzen. Von irrsinnigem Übereifer war die Rede, von unentschuldbarer Neugier und von Verletzung persönlicher Daten, wobei immer wieder ein hartes Wort für eine weiche Sache fiel. Die Luft wurde dick. Aufgabe der Polizei sei es, Verbrechen aufzuklären, noch besser diese zu verhindern, nicht aber, in die Intimsphäre unbescholtener Bürger einzudringen. Der bis dahin angesehene Beamte Keil, der sich nach Meinung seiner Kollegen eben dieses Vergehens schuldig gemacht hatte, wurde erst sanft, dann mit handfesten Drohungen gedrängt, mit eigener Stimme bei der Anzeigenerstatterin in Heidelberg anzurufen und den – so jedenfalls schimpften die Kollegen – von ihm gebauten Mist möglichst galant aus der Welt zu schaffen.

Dagmar Eulich-Sturm empfand die Polizisten-Stimme wie eine Erlösung: »Sie sind es? Das wurde aber Zeit! Was ist mit dem Jaguar?«

»Das Fahrzeug dieses Fabrikats mit dem Kennzeichen

MZ Strich WB 50 steht unbeschädigt in der Garage der Besitzerin ...«

»Besitzerin? Sie haben doch nicht alle Tassen im Schrank!«

»Gott sei Dank ja! Der Halter des genannten Wagens ist weiblichen Geschlechts!«

»Das darf doch nicht wahr sein!« Dagmar war außer sich.

»Und wo ... mein Gott! ... Und was ist mit Herrn Michael Wolf?«

»Die Polizei, verehrte Frau Eulich-Sturm, ist keine Auskunftei! Sie haben uns alarmiert, weil Sie vermuteten, daß es zwischen Mainz und Heidelberg einen Unfall gegeben haben könnte. Wir sind der Sache nachgegangen und haben festgestellt, daß es keinen Unfall gab. Der von Ihnen genannte Wagen ist unbeschädigt, steht in Mainz, und ein Unfallopfer mit dem Namen Michael Wolf gibt es auch nicht. Im übrigen wünschen wir Ihnen eine gute Nacht!«

Dagmar hätte noch zwanzig Fragen gehabt, vielleicht auch einundzwanzig, aber am anderen Ende wurde aufgelegt. Nicht Micha besaß den weißen Jaguar, sondern eine Frau? Eine Auskunftei sollte sie bemühen, um herauszufinden, wo er war und wie die Ziege hieß?

Drei Frauen – in Heidelberg, Darmstadt und Mainz – hatten zu dieser späten Stunde eines gemeinsam: Sie waren ratlos.

Für den Montag nimmt man sich Dinge vor, für die andere Wochentage nicht taugen. Eine Frau, der am Dienstag klar wird, daß sie die Lebemanns-Ruine an ihrer Seite nicht mehr ausstehen kann, legt ihr Geständnis nicht sofort ab, sondern vertagt es auf Montag. Wer an einem Mittwoch erfährt, daß Tante Elise zu Besuch kommen will, antwortet nicht postwendend, sondern nimmt sich die Absage für den nächsten Wochenanfang vor. Wem am Donnerstag der Backenzahn schmerzt, der läuft nicht schon am Freitag zum Zahnarzt, sondern der nimmt Aspirin und läßt sich von der Sprechstundenhilfe einen Termin für den Montag geben.

Über Michael Wolf war die Katastrophe an einem Sonntag hereingebrochen, schon am nächsten Morgen stand er in der furchteinflößenden Architektur, die alle Bauwerke auszeichnet, in denen sich Macht zusammenballt – insofern unterschied er sich von den ewigen Aufschiebern, insofern hätte von ihm gesagt werden können, daß er Konflikten nicht auswich, sondern sie auf die Hörner nahm, doch schon, als er die schwere Tür aufgestoßen und das lichte Innere betreten hatte, fühlte er sich in seiner eigenen Courage gebremst. Unter einer Glaskuppel, die so hoch war wie der Himmel, stand er vor einer breiten, imposanten Treppe aus edlem Stein, die hinaufführte zu einer steinernen Dame mit gar reizvollen Brustansätzen über dem faltenreichen Gewand, aber auch mit einem blanken Schwert in der Rechten und einer Waage in der Linken, auf welche sie, obgleich die Augen verbunden waren, fasziniert zu blicken schien. Sonst gab es über ihm nur eine Galerie, wenn er genau hinsah, sogar zwei. Und Michael fühlte sich in dem monumentalen Palast der Staatsgewalt immer kleiner werden, vergaß sogar die Daten seines Lebenslaufes, die er sich ab vier Uhr morgens im Bett ins Gedächtnis gerufen hatte, weil er, schlaflos, der Ansicht gewesen war, daß diese Daten hier abgerufen werden könnten. Andere, die an ihm vorbeihasteten oder ihm müßig entgegenschritten, schienen sich von dem bedrückenden Raumerlebnis nicht beeindrukken zu lassen.

Die wollten sich, dachte er, bestimmt auch nicht stellen! Freilich befürchtete er nicht, sofort in den Knast zu kommen, in diesem Fall hätte er das Gebäude gar nicht erst betreten, er wollte nur reinen Tisch machen, denn er konnte nicht mehr. Drei Frauen pro Woche waren einfach zuviel.

Er dachte dabei nicht nur an Herrenbitter-Schokolade und deren Folgen, die für einen Mann seines Alters ja noch zu verkraften gewesen wären, und dies sogar mit Vergnügen, nein, es war die ständige psychische Umstellung, die er nicht mehr bewältigen zu können glaubte, der nervenzerfetzende Streß, dreimal in der Woche immer wieder neu und immer wieder anders eingehen zu müssen auf fremde Belange und dabei die eigenen Probleme wortlos hinunterschlucken zu müssen.

Er sehnte sich danach, in seiner Seele wieder Ruhe zu haben, zum Beispiel bei Hildegard May – von morgens bis abends in der Druckerei, von abends bis morgens an ihrem Tisch und in ihrem Bett.

Er berichtigte sich. Familienanschluß war nicht mehr drin. Dennoch erschien ihm das neue Leben, das vor ihm lag, begehrenswerter zu sein als das alte, welches er in dem Palast der Macht, in dem er stand, zu verlassen trachtete. Doch wo anfangen mit dem reinen

Tisch? Wer in diesem Riesenbau konnte zuständig sein für ihn und seinen Konflikt?
Er zupfte an seiner Jacke, schob den Krawattenknochen nach oben und merkte, als er dies tat, daß der Lebenslauf in seinem Gehirn wieder drin war. Geboren 1950, Realschul-Abschluß, Schriftsetzer-Lehre, bestandene Gesellenprüfung – ja, gegautscht war er auch worden! Und das in einem kalten April in nur zehn Grad warmem Wasser! –, Sanitäter bei der Bundeswehr, volle Dienstzeit abgegolten, worauf dann holde Frauen in sein Leben getreten waren. Längst vergessene fielen ihm ein, eine bezaubernder als die andere. War das ein Verbrechen, schöne und reizvolle Geschöpfe glücklich zu machen? Nie! sagte er sich und nahm von der breiten Treppe die erste Stufe, worauf die Beine dann von selbst gingen, hinauf zur Justitia, vor dieser zur ersten Galerie, wo er, beflügelt von der eigenen Courage, die nächste Tür ansteuerte, doch von einem Uniformierten gestoppt wurde:
»Moment! Sind Sie Zeuge?«
»Nein!«
»Zuhörer bitte Tür 133!« sagte der Mann und wies nach links. Michael ging nach rechts, vorbei an den Türen 131 bis 121 und machte dann, ohne hinzusehen, aber tatendurstig, wieder einen Anlauf. Im Zimmer stand ein einsamer Schreibtisch, und dahinter saß ein einsamer Herr.
»Guten Morgen! Ich freue mich, daß Sie pünktlich sind!«
»Haben Sie mich erwartet?« entsetzte sich Michael.
»Sicher habe ich das, Herr Gebauer! Es wird schneller gehen, als Sie fürchten! Bitte setzen Sie sich!«

»Gebauer?« fragte Michael erleichtert.
»Sind Sie nicht Herr Gebauer?«
»Nein! Ich heiße Wolf, Michael Wolf!«
»Bitte entschuldigen Sie, aber das kommt vor!« hörte Michael, sah den Herrn eine Liste prüfen, dann: »Ist bestimmt im Schreibbüro passiert ... Sagten Sie Wolf?«
»Wolf!«
»Darf ich Ihre Vorladung sehen?«
»Ich habe keine ...«
»Dann kommen Sie«, der Herr hinter dem Schreibtisch stand sogar auf und wies auf drei Stühle, die an einer leeren Wand standen, »ohne Vorladung zum OE?«
»Was heißt OE?«
»Offenbarungseid!«
Michael kam zu sich. Offenbaren wollte er schon, aber nicht sein Vermögen, sondern seinen Lebenswandel. Und er wehrte sich mit Zähnen und Klauen: »Dann bin ich hier falsch! Im Auftrag meines Freundes, der draußen steht, weil er vor Aufregung eine Zigarette rauchen muß, wollte ich mich nur erkundigen, wo in diesem Haus ein Heiratsschwindel offenbart werden kann ...«
Der hinter dem Schreibtisch stehende Herr setzte sich wieder, doch seine Augen waren groß: »Ihr Freund will sich selbst anzeigen?«
»Er will diese leidige Bürde loswerden, will endlich seinen Frieden ... ich weiß nicht, ob Sie das verstehen können ...«
»Nein, das verstehe ich nicht! Hier hat man zu antworten, wenn man gefragt wird, das ist nun mal so,

wer aber redet, ohne gefragt zu werden, ist ein Blödmann! Rufen Sie Ihren Freund mal rein!«
»Das möchte ich lieber nicht«, antwortete Michael betreten, »er ist sehr sensibel, auch leicht verletzbar ...«
»Dann sagen Sie ihm, daß er sich erst einmal einen Anwalt nehmen soll, denn Sie scheinen keiner zu sein!«
»Anwalt?« fragte Michael, machte zwei artige Verbeugungen, verließ die unbezahlbare Beratungsstelle, rannte, an Justitia vorbei, die große Freitreppe hinunter und sprang draußen in das erste Taxi.
»Zu einem Rechtsanwalt bitte!«
Der Fahrer, ein Mann nahe dem Rentenalter und mit golden eingefaßter Brille, drehte den Kopf: »Welchem?«
»Ist mir egal, aber gut muß er sein!« erklärte Michael.
»Darf's auch eine Rechtsanwältin sein?«
»Von mir aus!«
»Dann fahre ich Sie zu Claudia Rotta ... mit der werden Sie zufrieden sein!« sagte der Mann, scherte aus seiner Lücke und fuhr los. »Sie ist erst seit vier Jahren selbständig, gewinnt aber einen Prozeß nach dem anderen, was ich ihr schon zugetraut habe, als sie erst zehn war ...« Michael hatte die Frage auf den Lippen, woher ein Taxifahrer so intime Kenntnisse über eine offenbar erfolgreiche Rechtsanwältin hatte, ließ aber, beschäftigt mit seinen eigenen Problemen, den Alten reden.
»... ihr Bruder war damals zwölf, hatte ein Fahrrad geklaut und ich war drauf und dran, den Thomas zu verprügeln. Aber was tat meine Tochter? Sie stellte sich vor Thomas, hob beide Arme und trompetete,

daß ihr Bruder das Rad nicht geklaut, sondern nur um vier Ecken gefahren hätte, weil sie, Claudia, mal auf einem Gepäckträger habe sitzen wollen, und Thomas das schöne Fahrrad dann wieder dahin gestellt hätte, wo er es weggenommen habe, Ich weiß nicht, ob Sie Kinder haben, mein Herr ...«

»Ich habe keine!«

»Aber stellen Sie sich vor, Sie hätten Kinder! Was hätten Sie an meiner Stelle getan? Ich jedenfalls habe den Thomas nicht verprügelt, die Sache verlief auch im Sande ... aber meine Claudia ließ ich das Abitur machen und studieren, fuhr mit meinen Taxis Tag und Nacht, damit sie das Erste und Zweite Staatsexamen machen konnte. Jetzt hält sie immer noch beide Hände vor ihre Mandanten ... aber wir sind da ... 13 Mark 80!«

Michael gab fünfzehn, ließ sich noch das Haus zeigen und wurde darin von einer Art Gouvernante empfangen, die ihm bedeutete, daß Frau Rotta wegen anderweitiger Termine frühestens in einer Stunde zu sprechen sei.

Die Stunde dauerte aber weniger als zehn Minuten. Dann war die ehrwürdige Dame mit den drei Goldketten wieder im Wartezimmer und führte Michael zu einer Frau in den allerbesten Jahren, um die das Flair des Besonderen wehte, die kastanienbraune Haare hatte, ein reizendes Schnäuzlein und dazu Augen, die hell und wach waren, deren Farbe er aber nicht erkennen konnte, weil diese hinter einer großen und eleganten Brille immer zu wechseln schien.

»Rotta! Bitte nehmen Sie Platz!« sagte die Attraktive, gab ihm die Hand und schob eigenhändig den Besucherstuhl in die richtige Position, wobei es unter ihrer dezenten Bluse zitterte und bebte, woraus Michael schloß, daß sie topless ging, welche Erkenntnis er aber sofort verdrängte, weil er schließlich anderer Dinge wegen gekommen war.

»Darf ich Ihren Namen erfahren?«

»Michael Wolf.«

»Was führt Sie zu mir?« fragte die Rechtsanwältin und tippte auf die Tastatur eines Bildschirmes, von dem er nur die Rückfront sehen konnte.

»Ich brauche die Hilfe einer erfahrenen Juristin, einer, die mich verteidigen kann ...«

»Haben Sie einen Mord begangen?«

»Den nicht! Nur Heiratsschwindel!«

»Das ist glaubhaft!«

»Wieso?« reckte sich Michael empor.

»Nun, Sie sitzen vor mir, ich sehe Sie mit eigenen Augen und kann mir vorstellen, daß manche Frau auf Sie hereingefallen ist. Sie werden angeklagt werden wegen gleich dreier Straftaten, nämlich wegen Betruges, wegen Untreue und wahrscheinlich auch wegen Unterschlagung, das hängt meist zusammen. Aber bitte keine Panik, das kriegen wir schon hin! Ich bitte nur um Ihr Verständnis, daß ich bei gleich drei Delikten einen Vorschuß von tausend Mark als Voraussetzung für jedes Gespräch zwischen uns ansehe ... Haben Sie das Geld dabei?«

»In bar nicht, aber ich habe Schecks!« antwortete Michael, den die Zahlungsaufforderung nicht unvorbereitet traf. Eigentlich hatte er zwar im Gericht zahlen wollen, jetzt zahlte er eben bei einer Rechtsanwältin, die charmant war und von deren Schnäuzlein, weil es

so sinnlich war, er seine Augen nicht losreißen konnte.
»Euro-Schecks?«
»Ja.«
»Auch die dazugehörige Scheck-Karte?«
»Ja.«
»Dann erbitte ich von Ihnen drei Schecks über je 333,33 Mark ... den fehlenden Pfennig schenke ich Ihnen!« lächelte Claudia Rotte und reichte einen Kugelschreiber über den Tisch. »Es genügt, wenn Sie die Summen schreiben und Ihre Unterschrift dazusetzen, das übrige erledigt mein Büro!«
Michael schrieb Schecks aus, zwei über 333,33 und einen über 333,34 Mark, weil er nichts geschenkt haben wollte.
Frau Rechtsanwältin Rotta prüfte Kontonummer und Unterschrift mit der Scheckkarte, gab die Karte dankend zurück und schob die drei Schecks auf die Seite:
»Und nun erzählen Sie mal!«
Michael wollte, denn darauf hatte er sich seit vier Uhr morgens vorbereitet, bei seiner Geburt beginnen, über seine Schulbildung erzählen und über die Schriftsetzer-Lehre, wurde aber schon nach drei Sätzen unterbrochen: »Gut, gut, gut! Aber das ist nicht relevant! Wann nisteten Sie sich zum ersten Mal bei einer liebeshungrigen Dame ein?«
Michael berichtete über die RHEINISCHE PAPIERMÜHLE, von der Firma CICERO-PRESSE und über die Chef-Sekretärin Marion Melton.
»In welcher Form versprachen Sie ihr die Ehe?«
»Überhaupt nicht!«

»Weder schriftlich noch mündlich?«
»Nie! Marion erklärte mir schon während der ersten Nacht, daß sie zwar einen Partner suche, aber keinen Ehemann!«
»Dann haken wir die Dame ab! ... Das heißt: Vertraute sie Ihnen Wertgegenstände an oder gab sie Ihnen Geld?«
»Sie verschaffte mir nur Aufträge der CICERO-PRESSE ...«
»Fingierte?«
»Astreine! Die RHEINISCHE PAPIER-MÜHLE lieferte Druckpapiere, und ich erzielte Provisionen ... Allerdings schenkte sie mir auch eine Rolex ...«
»Aha!«
»... die ich ihr aber zurückgab, als ich auszog. Frau Melton wird dies nicht bestreiten können, auch nicht, daß ich Kostgeld zahlte ...«
»Wieviel?«
»Zuletzt tausend pro Monat, und im letzten Monat erhielt ich dafür nur ein Abendessen und ein Frühstück ...«
Bisher hatten die Augen der Rechtsanwältin Rotta nur immer geforscht, jetzt blickten sie amüsiert.
»Die nächste Dame bitte!«
»Das war ... Julia Bongartz in Mainz, wir lernten uns kennen auf dem Hauptbahnhof ...«
»Mag für Sie von Bedeutung sein, nicht für das Gericht! Die Fakten bitte! Ich meine die Geschenke und alle anderen Vorteile, die Sie genossen haben! Haben Sie bei ihr gewohnt?«
»Jeden Dienstag und Mittwoch.«
»Vorhin sagten Sie, daß Sie bei Frau Melton an jedem

Samstag und Sonntag zu Hause waren ... Wo waren Sie montags?«
»In Nauheim.«
»Bad Nauheim?«
»Nein, Nauheim bei Groß-Gerau! Da wohne ich. Und montags war mein Ruhetag.«
»Ebenso glaubhaft. Zurück zu Julia Bongartz! Versprachen Sie ihr die Ehe?«
»Julia wartete immer darauf, glaube ich, aber ich tat es nicht ...«
»Bitte zählen Sie alles auf, was aufgrund dieses Verhältnisses für Sie einen materiellen Vorteil brachte, denn ich kann nur Mandanten verteidigen, von denen ich alles weiß. Bitte seien Sie ehrlich! Ich bin nicht Ihr Richter, ich bin Ihre Verteidigerin! Welche rechtswidrigen Vermögensvorteile hatten Sie?«
»Ich durfte ihren Jaguar fahren ...«
»Wo ist der Wagen jetzt?«
»Steht in ihrer Garage in Mainz!«
»Unbeschädigt?«
»Sicher!« antwortete Michael und sagte damit schon wieder die reine Wahrheit. Die Sache mit der Beifahrertür unterschlug er, die war ja auch nicht relevant. Außerdem – der Offenbarungseid-Beamte fiel ihm ein – war er danach nicht gefragt worden.
»Einen Jaguar fahren können Sie also. Auch ein Taxi?«
»Die Frage verstehe ich nicht ...«
»Brauchen Sie auch nicht!« stieß Claudia Rotta hervor und drehte verlegen an dem Kugelschreiber herum, mit dem sie sich auf einem Block Notizen machte. »Doch auch im Fall dieser Julia Bongartz scheint es

bei Tisch und Bett geblieben zu sein, auch in Mainz scheinen Sie nichts veruntreut oder unterschlagen, erst recht nicht betrogen zu haben …«

»Betrogen schon!« widersprach Michael.

»Womit?« Die Rechtsanwältin lächelte nicht mehr einnehmend, sondern sah ihn wieder kritisch an, und dies mit zwei Augen, die er in diesem Augenblick als hinreißend empfand.

»Ich log ihr vor, Chef-Steward der Lufthansa zu sein … dabei bin ich noch nie geflogen, werde ich auch nicht!«

»Frau Bongartz nahm Ihnen das ab?«

»Was blieb ihr übrig? Wenn ich in Mainz war, trug ich die Dienstkleidung eines Chef-Stewards … erworben hatte ich sie von einem Trödler.«

»Wollen Sie damit sagen, daß Sie nicht nur die Damen wechselten, sondern mit denen auch immer wieder ihren Beruf?«

»Das war ja das Anstrengende!«

»Aber kein Betrug im Sinne des Strafgesetzbuches!« frohlockte die Rechtsanwältin, und in ihrer Stimme lag wieder Schmelz. »Zwar haben Sie falsche Tatsachen vorgespiegelt, sich damit aber keine rechtswidrigen Vermögensvorteile verschafft … wenn ich das richtig verstanden habe!«

Michael nickte und sah dabei in nach seiner Meinung wunderschöne Augen.

»Gut. Aber wenn wir schon einmal dabei sind, reinen Tisch zu machen, Herr Wolf, müßten Sie sich auch von dieser Julia trennen!«

»Habe ich innerlich schon. Denn sie ist die Cousine der Marion Melton, was ich natürlich nicht wußte …

woher denn? Aber weil die beiden Cousinen sind, flog gestern ja alles auf!«
»Um so besser!« triumphierte Claudia Rotta. »Bleiben Donnerstag und Freitag. Bei welcher Frau waren Sie an diesen Tagen?«
Michael erzählte von Dagmar Eulich-Sturm und von Stefanie, vergaß auch die Augen-Verletzung nicht.
»Welchen Beruf hatten Sie bei dieser Dame?«
»Da war ich Anlagen-Berater ...«
Prompt wurde die Rechtsanwältin Rotta wieder kritisch: »Legte sie Gelder bei Ihnen an?«
»Zweimal in Termingeschäften«, berichtete er, »das erste Mal lächerliche tausend Mark in Nickel, die ihr einen enormen Gewinn einbrachten, denn 1220 Mark zahlte ich ihr zurück ... das zweite Mal gab sie mir zehntausend Mark für ein Termingeschäft in Silber, das noch nicht abgeschlossen ist ...«
»Sie hatten von Frau Eulich-Sturm also den Auftrag, ein Termingeschäft in Silber einzugehen, was Sie aber nicht getan haben! Ist es so?«
»Ja! Aber die zehntausend habe ich noch!«
»Dann haben Sie die richtige Nase gehabt!«
»Ich?«
Claudia Rotta hob beide Arme, um weitere Fragen abzuwehren, drückte auf einen Knopf der Telefonanlage, worauf ein »Ja?« im Raume stand, und sagte dann: »Gertrud, bitte den Wirtschaftsteil der heutigen FAZ, es eilt!«
Zwangsläufig entstand danach eine Pause. Die Rechtsanwältin sah ihren Mandanten an, der Mandant die Rechtsanwältin. Es lag etwas in der Luft, das weder er noch sie mit Worten hätten ausdrücken

können. Die Juristin war immerhin die erste, die sich aus dem unheimlichen Schweigen rettete:
»Biologisch hielten Sie das aus?«
»Psychische Probleme hatte ich immer, physische dagegen nie ...«
Worauf sich beide wieder nur schweigend anlächelten, diesmal mit einem Hauch von Frivolität, den sie jedoch, als sie ihn erkannten, sofort zu unterdrücken versuchten.
Dann war die würdige Dame mit den drei Goldketten da mit dem Wirtschaftsteil der FRANKFURTER ALLGEMEINEN. Ihre Chefin bedankte sich, blätterte, las und sagte dann:
»Mein Gedächtnis trog nicht, ich gratuliere! Hier steht es schwarz auf weiß. In der letzten Woche ist Silber um 32 Punkte gefallen. Eine Sensation auf allen Edelmetall-Börsen. Die Hausse-Spekulanten sitzen auf dem nackten Hintern ... Verzeihung! Aber das steht hier, zumindest zwischen den Zeilen. Und Sie sind der Gewinner! Wenn Sie die Mäuse noch haben, dürfte es Ihnen nicht schwerfallen, einen Verrechnungsscheck über 6800 Mark zugunsten von Frau Eulich-Sturm auszuschreiben!«
Michael vertraute den listig lächelnden Augen, schrieb den vierten Scheck des Tages aus, fühlte sich ebenso erlöst wie um 3200 Mark reicher, und hörte:
»Meinen Brief an Heidelberg werden Sie sich vorstellen können ... oder?«
»In etwa schon ...«
»Von Frau ... Marion Melton in Darmstadt werde ich neunhundertfünfzig Mark fordern, wobei wir so großzügig sein werden, Ihre Hausmannsarbeit ... un-

ter Vorbehalt natürlich! ... nicht anzurechnen und ein Abendessen und ein Frühstück mit zusammen fünfzig Mark zu honorieren!«

»Sie wollen das Kostgeld zurückfordern?« Michael war entsetzt, denn im Grunde war er ein feiner Mensch.

»Warum denn nicht? Frau Melton hat Sie hinausgeworfen! Das Honorar, das Sie mir gezahlt haben, muß schließlich wieder rein! ... Von Julia Bongartz in Mainz werde ich dagegen ...«

»Warum denn von der?« Michael stand sogar vom Besucher-Stuhl auf. »Die war immer freigebig und lieb!«

»Das Wort Liebe ist weder im Strafgesetzbuch noch im BGB zu finden! Wollen Sie reinen Tisch machen oder nicht?«

Michael setzte sich wieder und las von dem gar lieblichen Schnäuzlein jedes Wort ab, bevor er es hörte:

»Aus Ihrer Reaktion schließe ich, daß Sie einverstanden sind, was ich für sehr vernünftig halte. Um fünfzehn Uhr werden die Briefe unterschriftsreif vorliegen, weshalb ich Sie bitte, um fünfzehn Uhr nochmals vorbeizukommen ...«

»Da bin ich verabredet!«

Die Rechtsanwältin blickte erneut kritisch: »Mit welcher Dame?«

»Mit Hildegard May, einer Druckerei-Besitzerin.«

»Wer ist das denn nun schon wieder?«

Michael setzte stockend sein Geständnis fort, und die Juristin Claudia Rotta hörte, den Kugelschreiber drehend und dabei wieder heiterer werdend, zu, um darauf, als ihr Mandant geendet hatte, eine derart triumphierende Haltung einzunehmen, daß Michael unter der Bluse nicht nur Rundungen wahrnahm.

»Wollen Sie Ihr neues Leben mit einer Plackerei beginnen, die Sie in das alte trieb? Aber das ist Ihre Privatsache und geht mich nichts an! Verzeihen Sie den Ausrutscher! Doch die drei Briefe sollten heute abend zur Post! Wäre es nicht möglich, daß Sie auf die Betriebsbesichtigung der Druckerei May verzichten und sich auf einen Anruf beschränken?«

»Was soll ich denn da sagen?«

»Daß Sie morgen früh um sieben Uhr den Job antreten! Dann könnten die Briefe heute rausgehen, und Sie hätten den gewünschten reinen Tisch!«

Michael nickte, der Vorschlag war annehmbar, er brachte Geld und sicherte seine Zukunft. Denn Meisterin Hildegard würde zufrieden sein – ob nun mit Betriebsbesichtigung oder ohne.

Doch am nächsten Morgen stand Michael Wolf nicht im blauen Overall zwischen Heidelberger Zylindern und der nagelneuen Offsetdruck-Maschine, sondern wurde, weil an seinem Ohr herumgeknabbert wurde, in einem breiten Bett neben einer Nackten wach. Er verstand die kessen Bisse als Aufforderung, nicht mehr seinen Rücken, sondern wieder seine Vorderfront zu präsentieren, damit er ebenfalls knabbern konnte. Der Leib vor ihm war warm, die Haut samten, und die Schwellungen waren so lockend wie am Abend. Die Daunendecken rutschten immer weiter zum Ende des Betts und fielen, hinuntergestrampelt von vier Beinen, sogar auf den Teppich.

»Eigentlich«, hörte er, während er einen hübschen

Nabel koste, »wollte ich nur wissen, wie spät es ist ... ich habe nämlich Termine!«
Widerstrebend verließ Michael die Rundung einer Hüfte, langte nach dem Wecker auf dem Nachttisch und sagte: »Sieben Uhr und neun Minunten ...«
»Dann haben wir noch etwas Zeit ... Gertrud muß mal begreifen, daß sie meine Angestellte ist und ich nicht ihre ...«
»Ist das die Gouvernante?«
»Ja, ein wenig schrullig sieht sie aus, ist aber eine vorzügliche Kanzlei-Vorsteherin!«
»Die wollte mich eine Stunde warten lassen!« protestierte er und wandte sich einem hübsch geformten Schenkel zu.
»Das ist ihre Politik ... wer warten muß, wird klein! Aber du brauchtest ja nicht zu warten, denn du gefielst mir schon im Wartezimmer!«
»Wieso?« fragte er und ließ ab von dem, was er bewundern wollte. »Du hast das Wartezimmer nie betreten!«
»Da gibt es eine Kamera, und der Monitor steht auf meinem Schreibtisch ...«
»Aha!« antwortete er und fuhr mit seiner vergnüglichen Beschäftigung fort. »So raffiniert habe ich dich allerdings auch eingeschätzt!«
»Die Anlage ist sehr nützlich, man erkennt sofort die schwarzen Schafe, und raffiniert, das bist allenfalls du selbst! Hör auf damit! Um zehn Uhr muß ich im Landgericht sein!«
»Um einen Fahrraddieb zu verteidigen?«
»Wie kommst du darauf?«
»Weil du das schon mal getan hast! Großartig hast du

ihn verteidigt! Weil du beteiligt warst! Auf dem Gepäckständer hast du sitzen wollen!«

»Woher weißt du das? Hat dich mein Vater zur Praxis gefahren?«

»Weiß ich nicht! Du scheinst nicht zu wissen ...«

»Was ist denn los?«

»... daß auch ein Mann seine empfindlichen Zonen hat!«

»Entschuldige! Ist es besser so?«

»Nicht nur besser! Unvergleichlich!«

»Hat dir mein Vater auch erzählt, daß ich getrennt lebe?«

»So weit sind wir nicht gekommen! ... Und warum warfst du den ehrenwerten Gatten hinaus?«

»Weil er von mir leben wollte, von meiner Arbeit, von meiner Kanzlei, einfach nur so leben ... aber hörst du überhaupt zu?«

»Das mußt du doch fühlen! Dein Mann war also ein Schmarotzer ...«

»Du sollst keiner bei mir werden! Hände weg! ... Bitte beide! Bevor wir weitermachen, sollten wir einen Vertrag schließen!«

Als habe er ›Hände hoch!‹ verstanden, ließ Michael ab von seidiger Haut und saß im Bett auf seinen Fersen: »Welchen Vertrag? Warum gerade jetzt?«

Die Nackte saß auch, fuhr mit zehn Fingern durch ihre Haare und sagte: »Die Unterbrechung tut mir leid, aber sie muß sein! Ich habe dir ein Angebot zu unterbreiten. Erstens biete ich dir an, mein Hausmann zu werden ...«

»Muß ich da auch Fenster putzen?«

»Die nicht! Du sollst nur kochen, das Geschirr sau-

berhalten und das Bett! Für alles Gröbere habe ich eine Putzfrau dreimal in der Woche ...«
»Einverstanden!«
»Zweitens biete ich dir an, das Taxi-Unternehmen Christian Rotta zu übernehmen, denn mein Vater muß mal auf die Ruhebank.«
»Was erhalte ich dafür?«
»Mich ...!«
»Das ist ein Wort!«
»... und vierzig Prozent des Reingewinns. Die verbleibenden sechzig Prozent erhält mein Vater.«
»Einverstanden!«
»Mein Vertrags-Angebot enthält natürlich auch eine Kündigungs-Klausel ...«
»Schon heute denkst du über eine Kündigung nach?«
»Verträge, die ewig dauern, gibt es nicht! ... Der Vertrag kann von beiden Seiten fristlos gekündigt werden, sobald sich eine der vertragsschließenden Parteien in einem anderen Bett amüsiert als in diesem hier ... Hast du das verstanden?«
»Ich fürchte ja!« antwortete Michael, unterschrieb den Vertrag mit Küssen zwischen zwei hübschen Brüsten, setzte, und jetzt ohne Widerstand, die rosarote Morgenstunde fort und brachte, nackt, wie er noch war, aber pünktlich um acht Uhr am Morgen – als die Maschinen in der kleinen Druckerei May klapperten und fauchten und die enttäuschte Meisterin von einer zur anderen sprang, um Papier nachzufüllen und auch Farbe – einer, die wieder eingeschlummert war, duftenden Kaffee und drei Scheiben Knäckebrot mit Orangen-Marmelade ans Bett.
»Schatz, das Frühstück!«

»So etwas lief frei herum …« murmelte eine Erwachende und setzte sich auf, um von ihrem Butler das Tablett in Empfang nehmen zu können, »… der Service ist schon mal gut … aber bitte sage nie wieder ›Schatz‹! Die Anrede ist austauschbar. Der Schatz bist du! Ich heiße Claudia!«

Knaur

Romane von Jacqueline Susann

(238)

(815)

(1741)

(1015)

Von Jacqueline Susann sind außerdem bei Knaur erschienen:

Geliebte Josephine (457)

Das Tal der Puppen/ Die Liebesmaschine (2922)